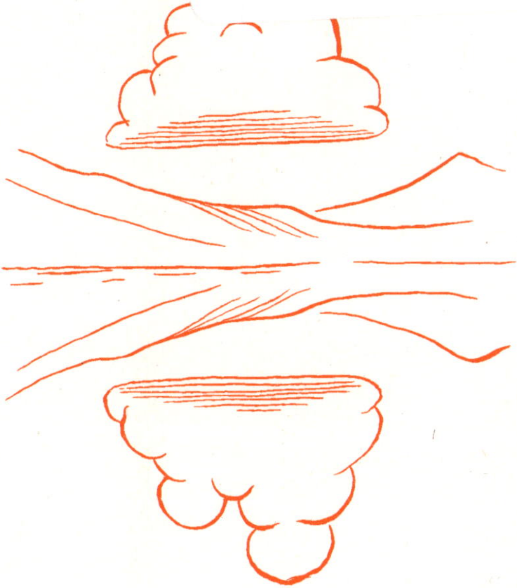

O.W. BARTH

EINFACH PRÄSENT

THICH NHAT HANH

Aus dem Englischen von
Ursula Richard

Mit 18 Illustrationen von
Jason DeAntonis

O.W. BARTH

Die amerikanische Originalausgabe erschien 2022 unter dem Titel
»How to focus« bei Parallax Press, Berkeley, California.

Besuchen Sie uns im Internet:
www.ow-barth.de

MIX
Papier aus verantwortungsvollen Quellen
FSC® C019821
www.fsc.org

Deutsche Erstausgabe
O.W. Barth

Redaktion: Martina Darga
Illustrationen von Jason DeAntonis
Covergestaltung: ZERO Werbeagentur
Coverabbildung: Jason DeAntonis
Satz und Layout: Adobe InDesign im Verlag
Druck und Bindung: Druckerei C. H. Beck, Nördlingen
ISBN 978-3-426-29338-6

2 4 5 3

INHALT

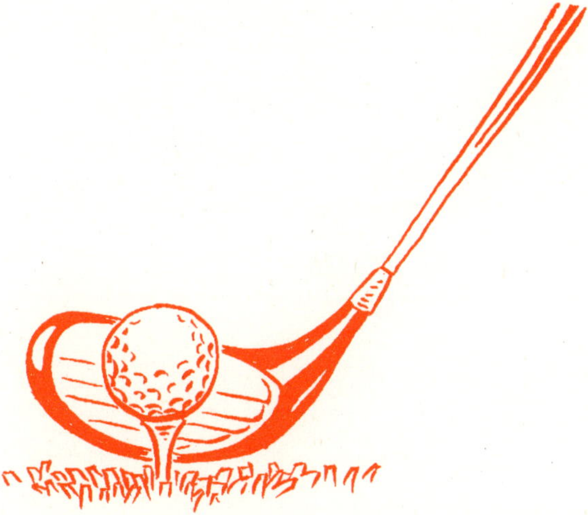

EINFACH PRÄSENT

Der Fluss muss ganz ruhig sein,
um den Vollmond zu spiegeln.

Der klare Geist erkennt
die wahre Natur der Dinge.

ACHTSAMKEIT UND GLÜCK SIND MITEINANDER VERBUNDEN

Achtsamkeit ist das Wunder, das unseren zerstreuten Geist wieder zusammenfügt und sammelt, damit wir jeden Moment des Lebens voll leben können.

Achtsamkeit bringt Konzentration hervor, und Konzentration führt zu Einsicht.

Wenn Sie beim Trinken einer Tasse Tee mit Ihrer ganzen Aufmerksamkeit dabei sind, dann wird es Ihnen große Freude bereiten, den Tee zu trinken. Achtsamkeit und Konzentration führen nicht nur zu Einsicht, sondern auch zu Glück.

MIT KONZENTRATION GEHT VERSTEHEN EINHER

Je achtsamer wir sind, desto konzentrierter sind wir. Das Wort für Konzentration, im Sanskrit heißt es *samadhi,* bedeutet *Stetigkeit, Nicht-Unterbrechung, Nicht-Wanken*. Das Objekt Ihrer Konzentration kann eine Wolke, eine Blume oder Ihr Ärger sein. Wenn Ihr Fokus stirbt und irgendwann später wiedergeboren wird, dann ist die Konzentration schwach. Im Zustand der Konzentration halten Sie Ihren Fokus, stetig, gleichmäßig und kontinuierlich. Wenn unsere Achtsamkeit und Konzentration stark sind, können wir einen Durchbruch erzielen und Einsicht erlangen. Einsicht bringt Verstehen mit sich und hat die Kraft, uns von Unwissenheit, wertender Unterscheidung, Begierde, Angst, Wut und Verzweiflung zu befreien.

DAS LEBEN AUF TIEFGREIFENDE WEISE BERÜHREN

Mit Achtsamkeit und Konzentration können Sie jeden Augenblick Ihres täglichen Lebens genießen. Wenn ich achtsam von einem Ort zum anderen gehe, genieße ich mein Einatmen, mein Ausatmen und meine Schritte. Konzentriert tauchen Sie tief in das ein, was da ist. Betrachten Sie eine Blume, kommen Sie mit der Blume, einem Wunder des Lebens, in ganz tiefe Berührung.

Halten Sie eine Tasse Tee in den Händen und erfreuen Sie sich daran, gelangen Sie mit dem Tee in tiefe Berührung und genießen den Frieden, die Freude und die Freiheit, die Ihnen durch das Teetrinken geschenkt werden. Freiheit ist unsere Praxis. Wenn Sie durch Achtsamkeit und Konzentration ein gewisses Maß an Freiheit und Festigkeit erlangen, sind Frieden und Freude möglich.

ZU UNS SELBST ZURÜCKKEHREN

Im Alltag verlieren wir uns oft in den Tausenden von Dingen, denen unser Geist hinterherjagt, und wir nehmen uns selten die Zeit, zu uns selbst zurückzukehren. Passiert uns das immer wieder und über längere Zeit hinweg, verlieren wir den Kontakt zu uns selbst und werden uns selbst fremd. Bewusstes Atmen ist eine wunderbare Möglichkeit, zu uns selbst zurückzukehren. Werden wir uns unseres Atems bewusst, sind wir blitzschnell wieder bei uns angelangt. Wie ein Kind, das nach einer langen Reise nach Hause zurückkehrt, spüren wir die Wärme des heimatlichen Herdes und finden zu uns selbst zurück. Auf diese Weise zu uns selbst zurückkehren zu können ist bereits ein bemerkenswerter Erfolg auf dem Weg der Achtsamkeit, Konzentration und Einsicht.

DIE WUNDER DES LEBENS BERÜHREN

Durch bewusstes Atmen berühren wir das Leben im gegenwärtigen Moment – es ist der einzige Moment, in dem wir das Leben berühren können. Richten Sie Ihre Aufmerksamkeit auf den Atem, stellen Sie sehr schnell fest, dass Sie etwas zutiefst Lebendiges sind, hier und jetzt gegenwärtig auf diesem wunderschönen Planeten Erde. Sie sind umgeben von Bäumen, dem Sonnenschein und blauem Himmel. Achtsamkeit und Konzentration bringen Sie in Kontakt mit den Wundern des Lebens und erlauben Ihnen, all diese Dinge wertzuschätzen.

FREIHEIT VON BEDAUERN UND BESORGNIS

Bewusst zu atmen ist ein wunderbarer Weg, die Knoten des Bedauerns und der Besorgnis zu lösen und zum Leben im gegenwärtigen Moment zurückzukehren. Sind wir im Bedauern über Vergangenes, in Besorgnis über Zukünftiges oder in Anhaftung und Abneigung bezogen auf Gegenwärtiges gefangen, sind wir nicht frei, mit dem Leben in Berührung zu sein. Wir leben unser Leben nicht wirklich. Atmen wir bewusst ein und aus und folgen wir unserem Atem aufmerksam vom Beginn bis zum Ende, entspannt uns das, und wir werden nicht mehr von unseren Sorgen und Sehnsüchten beherrscht. Wenn wir in voller Bewusstheit atmen, wird unser Atem langsamer und regelmäßiger; Gefühle des Friedens und der Freude stellen sich ein und werden mit jedem Moment stabiler. Indem wir uns auf unseren Atem stützen, kehren wir zu uns selbst zurück, Körper und Geist werden wieder eins, und wir fühlen uns ganz. Haben Körper und Geist wieder zusammengefunden, sind wir voll und ganz präsent, zutiefst lebendig und imstande, mit dem, was im gegenwärtigen Moment geschieht, tatsächlich in Berührung zu sein.

FOKUSSIERUNG BEGINNT MIT DEM ATEM

Wir nehmen unseren Atem als erstes Objekt unseres konzentrierten Geistes wahr. Dabei richten wir unsere volle Aufmerksamkeit auf den Atem, sodass Geist und Atem eins werden. Nachdem wir unsere Aufmerksamkeit zunächst ganz dem Atem geschenkt haben, können wir uns darin üben, dies auch bei anderen Phänomenen zu tun. Nutzen wir unser Atmen, um die gesamte Energie des Geistbewusstseins auf einen Punkt zu lenken, beendet das unsere Zerstreutheit, und wir sind in der Lage, die Energie unseres Geistes auf ein Objekt zu richten. Wenn wir weiter üben, hilft uns die Energie der Konzentration, tief in das Herz des Objekts unserer Konzentration einzutauchen, und wir gewinnen Einsicht und Verstehen.

DIE GEFÜHLE BEWUSST WAHRNEHMEN

Gefühle können wir in angenehme, unangenehme und neutrale Gefühle unterteilen. In der Meditation entdecken wir, wie interessant es ist, in unsere neutralen Gefühle hineinzuschauen. Wenn wir im Gras sitzen und mit unseren Gedanken ganz woanders sind, haben wir vielleicht ein neutrales Gefühl. Aber wenn wir unser Gewahrsein auf das neutrale Gefühl lenken, stellen wir fest, wie wunderbar es ist, bei Sonnenschein im Gras zu sitzen. Beobachten wir den Fluss unserer Gefühle mit Achtsamkeit und Konzentration, stellen wir fest, dass viele zunächst neutrale Gefühle tatsächlich recht angenehm sind.

ENTSCHEIDUNGEN TREFFEN

Wenn Ängste, Gereiztheit oder Wut in uns aufsteigen, können wir keine klaren Entscheidungen treffen. Kehren wir zu uns selbst zurück und atmen achtsam, ist die Aufmerksamkeit unseres Geistes nur auf ein Objekt gerichtet: auf den Atem. Bleiben wir beim achtsamen Ein- und Ausatmen, bewahren wir uns diesen Zustand der Präsenz und Freiheit. Unser Geist wird klarer, und wir werden bessere Entscheidungen treffen. Sich aus diesem Geisteszustand heraus zu entscheiden ist viel besser, als dies aus einem von Angst, Wut, unklaren Gedanken und Sorgen beherrschten Geist heraus zu tun.

INNEHALTEN

Meditation hat zwei Aspekte: Innehalten und tiefes Schauen. Wir neigen oft dazu, die Bedeutung des tiefen Schauens hervorzuheben, weil tiefes Schauen uns zu Einsicht verhilft und uns von Leiden und Kummer befreien kann. Aber grundlegend dafür ist die Praxis des Innehaltens. Innehalten ist der eigentliche Beginn der Meditationspraxis. Wenn wir nicht imstande sind innezuhalten, werden wir keine Einsicht gewinnen können. Wir müssen die Kunst des Innehaltens lernen; das heißt, unsere Gedanken, unsere Gewohnheitsenergien, unsere Unachtsamkeit und die starken, uns oftmals so beherrschenden Emotionen stoppen. Wenn eine Emotion wie ein Sturm über uns hereinbricht, haben wir keine Ruhe. Wir schalten den Fernseher ein und dann wieder aus. Wir nehmen ein Buch in die Hand und legen es dann wieder weg.

Wie können wir diesen Zustand der Aufgeregtheit beenden? Möglich ist uns das, indem wir achtsames Atmen, achtsames Gehen und tiefes Schauen üben. Das hilft uns, zu verstehen. Sind wir achtsam und berühren den gegenwärtigen Moment auf tiefgreifende Weise, sind die Früchte, die wir ernten, Verstehen, Akzeptanz, Liebe und der Wunsch, Leiden zu lindern und Freude zu bringen.

EIN KLARER GEIST

Bei der Meditation geht es nicht darum, Probleme zu vermeiden oder vor Schwierigkeiten davonzulaufen. Wir üben nicht, um zu entkommen. Wir üben, um genug Kraft zu haben, unseren Problemen wirksam zu begegnen. Das können wir nur, wenn wir ruhig, wach und geerdet sind. Deshalb müssen wir uns in der Kunst des Innehaltens üben. Dann werden wir ruhiger, und unser Geist wird so klar wie Wasser, nachdem sich die Schlammpartikel abgesetzt haben.

IN FREIHEIT GEHEN

Es ist Ihnen möglich, jeden Ihrer Schritte zu genießen, wann immer Sie sich von einem Ort zum anderen bewegen, egal wie kurz die Strecke ist. Wenn Sie fünf Schritte gehen, dann tun Sie dies als Gehmeditation. Jeder Schritt wird Ihnen Freude und Stabilität bringen.

Steigen Sie eine Treppe hinauf, nehmen Sie jede Stufe mit Achtsamkeit, Konzentration und Freude. Auf diese Weise tun Sie genau das, was der Buddha getan hat: Sie entwickeln Ihr Bestmögliches und geben es der Welt. Wenn wir wissen, wie wir unser tägliches Leben in Achtsamkeit und Konzentration leben können, werden Frieden, Glück, Brüderlichkeit und Schwesternschaft real. Investieren Sie hundert Prozent Ihrer selbst in das Gehen. Werden Sie sich jedes Schrittes bewusst. Es sind *Sie*, die oder der bewusst geht. Sie lassen sich nicht mehr von Ihrer gewohnheitsmäßigen Geschäftigkeit und Ihren Gedanken wegreißen. Sie bewahren sich Ihre Souveränität. Sie sind es, der oder die entscheidet. Sie gehen mit der Absicht zu gehen, und mit jedem Schritt erleben Sie Freiheit. Sie gehen jeden Schritt ganz bewusst, und jeder achtsame Schritt bringt Sie in Berührung mit den Wundern des Lebens, die im Hier und Jetzt verfügbar sind.

Deshalb sollten Sie beim Gehen nicht Ihren Gedanken freien Lauf lassen. Wenn Sie denken, wird das Denken Ihnen das Gehen rauben. Sie unterhalten sich nicht, denn das Reden würde Ihnen das Gehen wegnehmen. So in Bewusstheit zu gehen ist ein Vergnügen. Sind Achtsamkeit und Konzentration in Ihnen lebendig, sind Sie ganz Sie selbst. Sie verlieren sich nicht. Sie gehen voller Anmut und Würde. Ohne Achtsamkeit empfinden Sie das Gehen vielleicht als eine Zumutung, als eine lästige Pflicht. Mit Achtsamkeit erfahren Sie das Gehen als Leben.

Beim Gehen sollten Ihre Schritte dem Rhythmus Ihres Atems folgen. Atmen Sie ganz natürlich. Will Ihre Lunge beim Einatmen zwei Schritte, dann machen Sie zwei Schritte; verlangt es ihr nach drei Schritten, dann geben Sie ihr drei Schritte. Beim Ausatmen möchten Sie vielleicht ein oder zwei Schritte mehr machen als beim Einatmen. Hören Sie auf Ihre Lunge. Auch wenn Ihre Umgebung voller Lärm und Unruhe ist, können Sie im Rhythmus Ihrer Atmung gehen. Selbst in der Hektik einer

Großstadt vermögen Sie mit Ruhe, Freude und einem inneren Lächeln zu gehen. Jeder Schritt sollte ein Genuss sein.

RADIO NSD

Die meisten von uns haben ein Radio in ihrem Kopf, das ständig läuft und auf den Sender NSD eingestellt ist: »Nonstop-Denken«. Dieses Denken ist meist unproduktiv. Je mehr wir denken, desto weniger sind wir präsent für das, was um uns herum geschieht. Unser Geist ist voller Lärm, und deshalb hören wir den Ruf des Lebens nicht. Unser Herz ruft uns, aber wir hören es nicht. Wir haben nicht die Zeit, auf unser Herz zu hören. Wir müssen lernen, das Radio auszuschalten und unser Denken, unser inneres Geplapper, zu stoppen, um den gegenwärtigen Moment voll und ganz zu genießen und unser Leben zu leben.

Durch unser achtsames Atmen und unsere Schritte sind wir in der Lage, aus dem Gedankenkarussell auszusteigen und die Freude am Leben wiederzugewinnen.

GEWOHNHEITSENERGIEN

Wir mögen den Willen haben, mit etwas aufzuhören, aber unsere Gewohnheitsenergien sind oft stärker als unser Wille. Gewohnheitsenergie wird im Sanskrit *vasana* genannt. Es ist sehr wichtig, sie zu erkennen. Diese Energien können uns von unseren Vorfahren, vielleicht über Generationen hinweg, übertragen worden sein, und wir kultivieren sie weiter. Sie sind sehr mächtig. Wir sind intelligent genug, um zu wissen, dass wir unserer Beziehung schaden, wenn wir dies tun oder jenes sagen. Doch dann tun oder sagen wir es trotzdem. Warum? Weil unsere Gewohnheitsenergien stärker sind als wir selbst. Sie treiben uns die ganze Zeit an. Selbst wenn wir mit etwas aufhören wollen, lassen sie das nicht zu. Wir sagen und tun Dinge, obwohl wir das gar nicht wollen, und im Nachhinein bereuen wir es. Wir bereiten uns und anderen Leid und richten manchmal damit großen Schaden an. Wir geloben, nicht wieder so zu handeln, tun es dann aber doch, weil unsere Gewohnheitsenergien uns antreiben. Wir brauchen die Energie der Achtsamkeit, um unsere Gewohnheitsenergien zu erkennen und wahrzunehmen, damit wir diesen Kurs der Zerstörung stoppen können.

Achtsamkeit befähigt uns, die jeweilige Gewohnheitsenergie jedes Mal zu erkennen, wenn sie sich manifestiert. Wir können sagen: »Hallo, meine Gewohnheitsenergie, ich weiß, dass du da bist!« Lächeln wir ihr zu, wird sie viel von ihrer Kraft verlieren. Achtsamkeit und Konzentration sind die Energien, die es uns ermöglichen, unsere Gewohnheitsenergien zu erkennen und sie daran zu hindern, uns zu beherrschen. Vom Kopf her wissen wir, dass wir im gegenwärtigen Moment leben sollten. Dennoch lassen wir uns ständig von der Gewohnheitsenergie der Umtriebigkeit pushen. Wir haben unsere Fähigkeit verloren, im gegenwärtigen Moment zu sein. Deshalb ist es so wichtig, dass wir uns in Achtsamkeit und Konzentration üben; darüber nur zu reden und zu lesen reicht nicht aus.

TIEFES SCHAUEN

In der Meditation üben wir uns in Konzentration und bündeln alles in einem scharfen, klaren Fokus. Das nennt man die *Einspitzigkeit* oder *Einsgerichtetheit des Geistes*. Tiefes Schauen setzt einen konzentrierten Geist voraus. Wir nutzen unseren Atem, um die gesamte Energie unseres Geistbewusstseins in einem Punkt zu sammeln. Das beendet unsere Konfusion, und wir sind in der Lage, die Fokussierung unseres Geistbewusstseins auf ein Objekt aufrechtzuerhalten. Das Objekt unserer Konzentration – die Bienenkönigin, um die sich unsere umherschwirrenden Gedanken versammeln – kann unser Atem sein, ein Blatt, ein Kieselstein, eine Blume, eine Situation, in der wir uns befinden, eine Person, die wir besser verstehen wollen, oder was auch immer wir zum Objekt unseres meditativen Fokus machen wollen. Es ist, als würden wir einen Scheinwerfer auf das Objekt unserer Konzentration richten. So wie das Scheinwerferlicht nur die Künstlerin auf der Bühne ins Licht setzt, so richten wir unseren Geist ganz bewusst auf das Objekt der Konzentration aus.

Wenn wir eine Linse benutzen, um das Sonnenlicht in einem Punkt zu sammeln, wird dessen Energie so effektiv konzentriert, dass wir damit ein Loch in ein Stück Stoff brennen könnten. Auf die gleiche Weise fokussieren wir unser Bewusstsein auf einen Punkt, auf ein Objekt, um einen Durchbruch zu erzielen und dieses Objekt besser zu verstehen.

ORANGEN-MEDITATION

Wenn Sie eine Orange essen, sollten Sie dies in meditativer Weise tun. Setzen Sie sich so hin, dass Sie sich wohl und geerdet fühlen. Betrachten Sie die Orange als ein Wunder. Tatsächlich ist sie nichts Geringeres als ein Wunder.

Halten Sie die Orange in Ihrer Handfläche, schauen Sie sie an und lächeln Sie. Sie sehen den Orangenbaum, die Orangenblüte, Sie sehen, wie die Sonne in die Blätter eingeht und der Regen den Boden durchtränkt, und Sie erkennen, wie sich die winzige Frucht bildet; und jetzt ist die Frucht zu einer wunderschönen Orange herangewachsen. Sie betrachten sie einfach, lächeln ihr zu, und das allein bringt Sie mit den Wundern des Lebens in Berührung, denn eine Orange ist ein Wunder des Lebens. Aufgrund unseres Mangels an Achtsamkeit und Konzentration werden wir dieser Tatsache meist nicht gewahr; wir sehen nicht, dass die Orange in unserer Handfläche wirklich ein Wunder ist. Wenn Sie die Orange ansehen und ihr zulächeln, erkennen Sie die Orange wirklich in ihrer ganzen Pracht, in ihrer wundersamen Natur. Und plötzlich werden

Sie selbst zu einem Wunder, denn auch Sie sind ein Wunder. Sie sind nichts Geringeres als ein Wunder. Ihre Gegenwart ist ein Wunder. Sie sind ein Wunder, das einem anderen Wunder begegnet.

Sie schälen die Orange. Sie riechen ihren Duft, und in Ihnen erwacht das Element der Stabilität, der wahren Präsenz und der Bewusstheit. Das Leben wird in diesem Moment zu etwas Realem, etwas Wunderbarem.

NEURONALE BAHNEN

In Ihrem Gehirn gibt es viele neuronale Bahnen, die zu Leid oder Glück führen können. Auf einigen sind Sie vielleicht häufig unterwegs, und sie sind Ihnen zur Gewohnheit geworden, sodass Sie immer auf dieselbe Weise reagieren. Kommen Sie zum Beispiel mit etwas Bestimmtem in Berührung, vielleicht mit einer Erinnerung oder einem Objekt, kann es sein, dass dies Sie stets auf einen Weg bringt, der zu Wut und Hass führt. Die Praxis von Achtsamkeit, Konzentration und Einsicht ermöglicht Ihnen, sich stattdessen auf etwas Heilsames zu konzentrieren, das in Ihnen ein Gefühl des Glücks hervorruft. Reagieren Sie in bestimmten Situationen gewohnheitsmäßig stets auf eine Leid bringende Art und Weise, können Sie, wenn Sie achtsam sind, sich dafür entscheiden, mit mehr Klarheit und Verständnis zu antworten. Tun Sie das einige Male, bildet sich ein neuer neuronaler Pfad, der zu Glück und Versöhnung führt.

Angenommen, jemand sagt etwas zu Ihnen, das Sie wütend macht, und Sie haben die Angewohnheit, den anderen durch Ihre Erwiderung bestrafen zu wollen, auch wenn Sie wissen, dass das nicht hilft. Achtsamkeit kann Ihnen helfen, nicht zu schnell zu reagieren. Sie können zu sich selbst sagen: »Hallo, meine Wut, du bist meine alte Freundin. Ich weiß, dass du da bist. Ich werde mich gut um dich kümmern.« Wenn Sie Ihre Wut erkennen und umarmen, wird es Ihnen schon besser gehen. Üben Sie sich in der Achtsamkeit des Mitgefühls, und zwar sowohl sich selbst als auch der Person gegenüber, die Sie für die Ursache Ihrer Wut halten, werden in Ihnen Mitgefühl und Verstehen aufkommen, und Ihr Leiden und Ihre Wut werden hinwegschmelzen. Sie sind in der Lage, das Leiden in der anderen Person zu sehen, und vielleicht finden Sie Worte, die ihr helfen.

GEISTIGE GEBILDE

Sich des Geistes bewusst zu sein bedeutet, sich der »geistigen Gebilde« oder »Geistesformationen«, also unserer verschiedenen Geisteszustände, bewusst zu sein. Ein »Gebilde« ist etwas, das sich aus verschiedenen Bestandteilen zusammensetzt. Eine Blume ist ein Gebilde, ein physisches Gebilde. Sie besteht aus Sonne, Regen, Erde, Samen und so weiter. Unsere Hand ist ein physiologisches Gebilde. Unser Ärger ist ein geistiges Gebilde; so auch Achtsamkeit und Konzentration. Meiner Tradition zufolge gibt es einundfünfzig geistige Gebilde. Als junger Novize musste ich sie alle auswendig lernen. Es ist wichtig, dass wir uns darin üben, jedes geistige Gebilde zu erkennen, wenn es auftaucht, und es bei seinem Namen zu nennen. Den Geist zu betrachten bedeutet, die geistigen Gebilde oder Geistesformationen zu betrachten.

DIE FÜNF UNIVERSELLEN GEISTIGEN GEBILDE

Unter den einundfünfzig geistigen Gebilden gibt es fünf universelle, welche die ganze Zeit über aktiv sind: Kontakt, Gefühl, Aufmerksamkeit, Wahrnehmung und Wollen. Sie bilden eine Abfolge, wobei ein geistiges Gebilde zum nächsten führt, und der gesamte Prozess vom Kontakt bis zum Wollen kann in weniger als einer Sekunde stattfinden.

Kontakt entsteht, wenn ein Sinnesorgan ein Sinnesobjekt berührt, zum Beispiel, wenn unsere Augen eine Blume sehen. Ob wir uns dessen bewusst sind oder nicht, unsere Sinne kommen ständig mit etwas in Berührung. Ein Kontakt kann einen leichten oder starken Eindruck hinterlassen. Nur wenn die Intensität eines Kontakts wichtig genug ist, wird sich *Aufmerksamkeit* manifestieren. Kontakt ist auch die Grundlage für das Entstehen von *Gefühlen*. Achtsamkeit kann in diesem Prozess jederzeit hinzutreten. Wird sie bereits zum Zeitpunkt des Kontaktes eingebracht, kann sie in den Prozess der Wahrnehmung eingreifen, bevor die Energien der Wahrnehmung und des Wollens Sie dazu bringen, aus Gewohnheit zu reagieren.

Wahrnehmung ist die Energie, welche die Form und die Charakteristika des Objekts unserer Aufmerksamkeit erkennt und ihm einen Namen gibt, wie zum Beispiel Blatt oder Berg. Wir haben eine Vorstellung von dem, was da ist. Aber wir müssen vorsichtig sein, denn wir alle sind häufig Opfer von falschen Wahrnehmungen. Wir sehen ein Seil und denken vielleicht, es sei eine Schlange. Was immer wir also mit unserem Geist berühren, wir sollten zunächst wissen, dass es ein Objekt unserer Wahrnehmung ist und dass unsere Wahrnehmung falsch sein kann. Achtsamkeit kann uns helfen, falsche Wahrnehmungen zu vermeiden.

Aus Wahrnehmungen und Gefühlen entsteht *Wollen*, die Energie, die uns zu einer Reaktion veranlasst, etwas zu *tun*, auf etwas zuzugehen oder vor etwas wegzulaufen. Manchmal wissen wir vielleicht, dass etwas Bestimmtes zu tun uns zerstören könnte, aber weil das Wollen so stark ist, tun wir es trotzdem. Mithilfe von Achtsamkeit und Konzentration können wir die Einsicht und Entschlossenheit entwickeln, »Nein« zu sagen, und wir sind frei.

Unser Gehirn verfügt über eine Neuroplastizität; es kann sich verändern, und wir können uns verändern. Die fünf universellen geistigen Gebilde bilden einen neuronalen Pfad, der uns zu gewohnheitsmäßigen Reaktionen führen kann; durch den Einsatz von Achtsamkeit, Konzentration und Einsicht vermögen wir einen neuen neuronalen Pfad zu bahnen, der zu Verstehen und Mitgefühl, Glück und Heilung führt.

DAS ERFOLGSGEHEIMNIS IN DER MEDITATION

Die Praxis des Nicht-Denkens ist das Erfolgsgeheimnis in der Meditation. Wenn sich Denken einstellt, verlieren Sie den ersten Eindruck des Kontakts mit dem Objekt und damit die Chance, im Hier und Jetzt zu sein, in Berührung mit dem, was in Ihnen und um Sie herum ist. Werden Sie sich stattdessen einfach nur des Kontakts und der Gefühle bewusst. Das bringt Sie mit den nährenden und heilenden Elementen in Ihrem Körper und Ihrer Umgebung in Berührung, sowohl den physischen als auch den mentalen. Wenn das Gefühl angenehm ist, hören Sie auf zu denken und werden Sie sich des Gefühls einfach bewusst. Vielleicht ist es das angenehme Gefühl, barfuß am Strand zu laufen. Ein Strandspaziergang kann Sie sehr glücklich machen, wenn Sie in der Lage sind, die Gedanken an dieses oder jenes loszulassen. Zähneputzen, der Gang zur Toilette, das Aufdrehen des Wasserhahns oder das Anschalten des Lichts – jeder Moment kann ein Moment des Glücks sein.

EINEN BOHNENKUCHEN PROBIEREN

Als ich vier oder fünf Jahre alt war, brachte mir meine Mutter jedes Mal, wenn sie auf den Markt ging, einen Kuchen aus Bohnenpaste mit. In ihrer Abwesenheit spielte ich im Garten mit den Schnecken und den Kieselsteinen, und bei ihrer Rückkehr war ich sehr glücklich, sie zu sehen. Ich nahm den Kuchen, den sie mir gab, und ging in den Garten, um ihn zu essen. Ich wusste, dass ich dafür viel Zeit hatte. Ich wollte ihn ganz langsam essen, je langsamer, desto besser. Ich biss nur ein Stück vom Rand ab, damit sich die Süße des Kuchens in meinem Mund ausbreiten konnte, und ich schaute in den blauen Himmel. Ich betrachtete den Hund und die Katze. Und langsam aß ich den Kuchen, und es dauerte eine halbe Stunde, bis ich ihn verspeist hatte. Ich machte mir über nichts Sorgen; dachte nicht an Ruhm, Ehre oder Gewinn, an die Vergangenheit oder die Zukunft. Jeder von uns kennt solche Momente, in denen wir uns nach nichts sehnen, nichts bedauern. Wir stellen uns keine philosophischen Fragen wie »Wer bin ich?«. Sind wir auch jetzt noch in der Lage, einen solchen Kuchen zu essen?

DAS IST ES

Die Gelegenheit, auf die Sie gewartet haben, ist genau hier im gegenwärtigen Moment.

Jeder Schritt ist diese Gelegenheit; jeder Atemzug ist diese Gelegenheit – eine Gelegenheit für uns, ins Jetzt zurückzukehren und unser endloses Umherwandern zu beenden, unser Warten auf den Tag, an dem wir endlich glücklich sein werden.

Der Tag, auf den du gewartet hast, ist heute;
der Moment, auf den du gewartet hast,
ist genau dieser Moment.

Wir müssen den Schleier von Zeit und Raum durchdringen, um ins Hier und Jetzt zu gelangen.

Ganz gleich, wie die Umstände sind, diese Gelegenheit ist für uns da. Im Jetzt werden wir finden, wonach wir gesucht haben.

SEIEN SIE DER SOUVERÄN IHRES TERRITORIUMS

Stellen Sie sich vor, da gibt es ein Land, das keine Regierung, keinen König, keine Königin, keinen Präsidenten, keine Kanzlerin hat. Es ist niemand da, der sich um das Land kümmert. Das Land braucht eine Regierung. So ist es auch mit uns selbst. Wir müssen in unserem Territorium präsent sein, um uns darum zu kümmern, denn unser Territorium ist groß – es umfasst unseren Körper, unsere Gefühle, unsere Wahrnehmungen, unsere geistigen Gebilde und unser Bewusstsein. Wir müssen unser Territorium regieren. Wir müssen wissen, was wertvoll und schön ist, damit wir es schützen können. Wir müssen wissen, was nicht so schön ist, damit wir es in Ordnung bringen oder transformieren können. Wir müssen gute Regierende sein und unser Land nicht im Stich lassen.

Es gibt Menschen, die vor dieser Aufgabe zurückschrecken, weil sie ihnen zu anstrengend erscheint. Wir flüchten davor, indem wir fernsehen, essen, die sozialen Medien nutzen, unsere E-Mails oder Nachrichten abrufen, Videospiele spielen, Musik hören oder unter die Leute gehen. Wir wollen nicht in unser Heimatland zurückkehren. Als Regierende müssen wir uns aber unserer Verantwortung bewusst werden und erkennen, dass wir in unser Territorium zurückkehren und uns darum kümmern müssen. Wir können lernen, das zu tun. Indem wir Achtsamkeit und Konzentration üben, wissen wir, wie es geht. Alle wesentlichen Methoden dazu sind in den sechzehn Übungen des bewussten, achtsamen Atmens enthalten. (Siehe den zweiten Teil des Buches).

Achten Sie auf Ihren Atem und Ihre Schritte, damit Sie in jedem Augenblick Ihres Lebens wirklich präsent sein und Ihr Reich gut regieren können. Dann werden Sie sich in Ihrem Sprechen oder Handeln achtsam ausdrücken und in der Lage sein, tief zuzuhören und die Schwierigkeiten und Freuden anderer Menschen zu verstehen.

NEUGIER UND ERKUNDUNG

Um in der Übung der Konzentration erfolgreich zu sein, sollten Sie sie für sich interessant machen. Bei genügendem Interesse für das Objekt Ihrer Aufmerksamkeit fällt es Ihnen leicht, sich darauf zu konzentrieren, und so kann es die tiefste Ebene Ihres Bewusstseins berühren. Verstehen ist eine Frucht von Achtsamkeit und Konzentration. Ohne Interesse an einem Objekt können Sie es niemals verstehen. Interessieren Sie sich nicht für Ihr Gegenüber, können Sie es nicht verstehen. Bei tiefem Interesse an anderen werden Sie achtsam und konzentriert sein, und es wird Ihnen leichtfallen, alles über sie herauszufinden. Letztlich kann alles interessant für Sie werden – ein Blatt, ein Kieselstein, eine Wolke, ein Teich, ein Mensch, eine Situation, Ihr Kind. Sie sind begierig darauf, all diese Dinge genau zu betrachten, um ihre wahre Natur zu finden. Fällt es Ihnen leicht, sich zu konzentrieren, ist es natürlich und mühelos für Sie, dann ist es wahre Konzentration.

DIE LETZTENDLICHE DIMENSION

Es gibt zwei Dimensionen des Lebens, und wir sollten in der Lage sein, beide zu berühren. Die eine ist wie eine Welle, und wir nennen sie die *historische Dimension*. Die andere ist wie das Wasser, und wir nennen sie die *letztendliche Dimension* oder *Nirvana*. Normalerweise berühren wir nur die Welle, aber wenn wir entdecken, wie wir das Wasser berühren können, erhalten wir die kostbarste Frucht, die die Meditation uns bieten kann.

In der historischen Dimension haben wir Geburtsurkunden und Sterbeurkunden. Stirbt ein Mensch, der Ihnen nahesteht, leiden Sie. Ist dann jemand in Ihrer Nähe und kümmert sich um Sie, spüren Sie eine gewisse Erleichterung. Dies ist die Welt der Wellen. Sie ist gekennzeichnet durch Geburt und Tod, Höhen und Tiefen, Sein und Nichtsein. Eine Welle hat einen Anfang und ein Ende, aber diese Eigenschaften können wir dem Wasser nicht zuschreiben. In der Welt des Wassers gibt es keine Geburt und keinen Tod, kein Sein und kein Nichtsein, keinen Anfang und kein Ende. Wenn wir das Wasser berühren, berühren wir die Wirklichkeit in ihrer letztendlichen Dimension und werden von all diesen Konzepten befreit. Wissen Sie darum, wie Sie den geliebten Menschen in der letztendlichen Dimension berühren können, wird er immer bei Ihnen sein; Sie sehen, dass er in Ihnen ist und Ihnen zulächelt. Das ist eine tiefgründige und zugleich sehr wohltuende Praxis.

Eines Tages, als ich beinahe auf ein trockenes Blatt getreten war, sah ich das Blatt in der letztendlichen Dimension. Ich erkannte, dass es nicht wirklich tot war, sondern dass es mit der feuchten Erde verschmolz und sich darauf vorbereitete, im nächsten Frühjahr in einer anderen Form am Baum zu erscheinen. Ich lächelte dem Blatt zu und sagte: »Du tust nur so.« Alles tut so, als würde es geboren werden und als würde es sterben, auch das Blatt, auf das ich fast getreten wäre. Der Tag unseres sogenannten Todes ist ein Tag, an dem wir in vielen anderen Formen weiterleben.

DIE NATUR DER WIRKLICHKEIT TIEF ERGRÜNDEN

Im Gegensatz zu Wissenschaftlerinnen und Wissenschaftlern verwenden spirituelle Praktizierende keine ausgefeilten Forschungsinstrumente. Sie nutzen ihre innere Weisheit – ihre innere Leuchtkraft –, um die Dinge zu untersuchen. Wenn wir uns erst einmal von unserem Festhalten, unserer Angst und Wut, unseren Vorstellungen und Konzepten befreit haben, dann haben wir ein sehr intelligentes Instrument, mit dem wir die Wirklichkeit frei von dualistischen Vorstellungen wie Geburt und Tod, Sein und Nichtsein, Kommen und Gehen, gleich oder verschieden erfahren können. Durch die Praxis von Achtsamkeit, Konzentration und Einsicht können wir unseren Geist reinigen und ihn zu einem kraftvollen Instrument machen, mit dem wir tief in die Natur der Wirklichkeit zu schauen vermögen.

GLOBAL DENKEN

Wir glauben vielleicht, dass wir gar nicht in der Lage seien, die letztendliche Dimension zu berühren, aber das ist nicht richtig. Wir haben es bereits getan. Das Problem ist, wie wir es tiefgreifender und häufiger tun können. Die Aufforderung »Denke global« zum Beispiel geht in die Richtung, die letztendliche Dimension zu berühren. Wenn wir die Dinge global sehen, vermeiden wir viele Fehler, und wir haben eine umfassendere Sicht auf das Glück und das Leben. Der Platz, auf dem Sie stehen, umfasst die ganze Erde. Wenn Sie Gehmeditation praktizieren, erkennen Sie, dass Sie mit jedem Ihrer Schritte die ganze Erde berühren. Wenn Sie eine Sache in tiefer Bewusstheit berühren, berühren Sie alles. Das Gleiche gilt für die Zeit. Berühren Sie einen Moment in tiefem Gewahrsein, berühren Sie alle Momente. Leben Sie einen Moment in tiefer Weise, enthält dieser Moment die ganze Vergangenheit und Zukunft. Wenn Sie sich dem Trinken einer Tasse Tee ganz hingeben, berühren Sie den gegenwärtigen Moment und die Zeit als solche.

DIE VIER NAHRUNGEN

Wenn etwas entstanden ist, müssen wir dessen Präsenz anerkennen und tief in dieses Phänomen hineinschauen, um die Art von Nahrung zu entdecken, die zu dessen Entstehen beigetragen hat und es weiter nährt. Nichts kann ohne Nahrung leben; ob es unsere Liebe, unser Hass, unser Denken, unsere Depression ist – ohne Nahrung kann nichts weiterbestehen. Es ist wichtig, dass wir erkennen, was wir zu uns nehmen, womit wir unser Glück und unser Leid nähren und aufrechterhalten. Es gibt vier Arten von Nahrung, die unser Glück oder Leiden hervorbringen: *essbare Nahrung, Sinneseindrücke, Wollen* und *Bewusstsein*. Wenn wir in der Lage sind, unser Leiden zu identifizieren und seine Ursachen zu erkennen, werden wir mehr Frieden und Freude haben, und wir befinden uns bereits auf dem Weg zur Befreiung.

ESSBARE NAHRUNG

Wir sollten so einkaufen, kochen und essen, dass wir uns unsere Gesundheit und unser körperliches und geistiges Wohlbefinden erhalten. Wir nehmen nur die Dinge zu uns, die unserem Körper und unserem Geist Frieden und Wohlbefinden bringen. Wir essen auf eine Weise, die uns hilft, Mitgefühl in unserem Herzen zu bewahren. Wir müssen genau darauf achten, wie und welche Nahrungsmittel wir anbauen, damit wir auf eine Weise essen, die unser kollektives Wohlbefinden sicherstellt, unser Leiden und das Leiden anderer Arten minimiert und es der Erde ermöglicht, weiterhin eine Quelle des Lebens für uns alle zu sein, die auch unseren Kindern eine Zukunft sichert.

SINNESEINDRÜCKE

Unsere sechs Sinnesorgane – Augen, Ohren, Nase, Zunge, Körper und Geist – stehen in ständigem Kontakt mit den Sinnesobjekten, und diese Kontakte werden zur Nahrung für unser Bewusstsein. Wenn wir durch eine Stadt fahren, sehen unsere Augen viele Reklametafeln, und diese Bilder gelangen in unser Bewusstsein. Wenn wir eine Zeitschrift in die Hand nehmen, sind die Artikel und Anzeigen Nahrung für unser Bewusstsein. Nicht nur Kinder müssen vor gewalttätigen und unheilsamen Programmen, Filmen, Büchern, Zeitschriften, Spielen und sozialen Medien geschützt werden. Auch uns Erwachsene können diese Dinge zerstören. Wenn wir achtsam sind, werden wir wissen, ob wir Gifte zu uns nehmen oder uns mit Sinneseindrücken nähren, die Verstehen, Mitgefühl und die Entschlossenheit fördern, anderen zu helfen.

WOLLEN

Unser Wollen, unser tiefster Wunsch oder unsere tiefste Absicht, ist die Grundlage all unserer Handlungen. Wir müssen uns fragen: »Was ist mein tiefstes Verlangen, meine tiefste Sehnsucht in diesem Leben?« Unser Verlangen kann uns in Richtung Glück oder Leid führen. Verlangen ist eine Art Nahrung, die uns nährt und Energie gibt. Wenn Sie ein gesundes Verlangen haben, den Wunsch zum Beispiel, das Leben und die Umwelt zu schützen oder ein einfaches Leben zu führen, das Ihnen die Zeit lässt, sich um sich selbst und Ihre Lieben zu kümmern, wird Ihr Verlangen Sie zum Glück führen. Wenn Sie Macht, Reichtum, Sex und Ruhm nachjagen und glauben, dass Ihnen das Glück bringt, konsumieren Sie eine sehr gefährliche Nahrung, die Ihnen viel Leid bringen wird. Das werden Sie erkennen, wenn Sie sich einfach mal umschauen. Glauben Sie zum Beispiel, es werde Sie glücklich machen, Chef eines großen Unternehmens zu werden, dann wird alles, was Sie tun oder sagen, auf die Verwirklichung dieses Ziels ausgerichtet sein. Selbst im Schlaf wird Ihr Bewusstsein weiter daran arbeiten. Vielleicht glauben wir auch, dass unser Leiden und das unserer Familie von jemandem verursacht wurde, der uns in der Vergangenheit Unrecht getan hat. Wir glauben, dass wir nur glücklich sein können, wenn wir diese Person verletzen und ihr schaden können, und so wird unser Leben ausschließlich von dem Wunsch nach Rache und Bestrafung bestimmt sein.

Jeder und jede möchte glücklich sein, und es gibt eine starke Energie in uns, die uns zu dem treibt, von dem wir glauben, dass es uns glücklich macht. Wir sollten aber erkennen, dass Karriere, Reichtum, Ruhm, Besitz oder Rachevorstellungen oft große Hindernisse für unser Glück sind. Wir können unseren Wunsch, frei von diesen Dingen zu sein, kultivieren und unsere tiefste Sehnsucht nähren, damit wir die Wunder des Lebens genießen können, die immer verfügbar sind – den blauen Himmel, die Bäume, unsere wunderbaren Kinder.

BEWUSSTSEIN

Waren wir bislang nicht in der Lage, die schmerzhaften Ereignisse aus unserer Vergangenheit zu transformieren, dann sind sie immer noch in unserem Bewusstsein vergraben. Wenn wir zulassen, dass schmerzhafte Bilder aus der Vergangenheit hochkommen, ist es, als würden wir unser eigenes Bewusstsein aufessen; und je mehr wir ins Denken kommen, desto wütender und aufgebrachter werden wir. Wir kauen unser Leid und unsere Verzweiflung wieder und wieder, so wie Kühe wiederkäuen. Wir grübeln über unser Leiden nach und leiden immer wieder von Neuem. Aber in unserem Bewusstsein befinden sich auch die Samen der Erleuchtung. Unser Bewusstsein hat so viele Kanäle wie ein Fernsehgerät. Warum drücken wir nicht den Knopf des Mitgefühls und des Verstehens und wechseln den Kanal?

Wir konsumieren unser eigenes individuelles Bewusstsein und wir konsumieren das kollektive Bewusstsein. In beiden gibt es Nährendes und Vergiftendes. Wir sollten uns bewusst sein, dass wir uns in einem Umfeld, in dem es viel Hass und

Verzweiflung gibt, genau diesen Energien aussetzen, die leicht in uns eindringen können. Wir sollten ein kollektives Umfeld finden, das nährend ist und in dem die Menschen von Mitgefühl und Hilfsbereitschaft motiviert werden.

DER PEUGEOT

In den 1970er-Jahren kaufte unsere Gruppe, es war einige Jahre nach unserer Ankunft in Frankreich, einen kleinen, gebrauchten Peugeot. Wir fuhren damit in ganz Europa umher und transportierten darin nicht nur Leute, sondern auch, als wir die Sweet Potato Community in einem alten Bauernhaus außerhalb von Paris aufbauten, Sandsäcke, Ziegelsteine, Werkzeuge, Bücher, Nahrungsmittel und andere Materialien. Wir nutzten das Auto für alles Mögliche und behielten es viele Jahre lang. Als unser Auto dann alt war und wir es nicht länger verwenden konnten, hatten wir Probleme, es loszulassen. Wir hingen an unserem kleinen Peugeot, denn wir und das Auto hatten so viel zusammen erlebt. Er hatte so viele Pannen, unzählige Unfälle und zahllose Reparaturen überlebt. An dem Abend, als wir uns von ihm trennen mussten, waren meine Freunde und ich sehr traurig.

Ich weiß nicht, ob Menschen heutzutage noch eine so tiefe Beziehung zu den von ihnen gekauften Dingen entwickeln. Viele haben das starke Verlangen, immer die allerneuesten Dinge zu erwerben, und die Hersteller und Werbeleute wissen das. Es ist kein Zufall, dass Waren heute keine lange Lebensdauer haben.

Die Objekte unseres Verlangens ändern sich ständig. Wir rennen immer etwas Neuem hinterher. Wir mögen für das, was wir vor einer Weile gekauft haben, schwärmen, doch sobald es uns selbstverständlich geworden ist, langweilen wir uns damit, wir werfen es weg und kaufen uns etwas anderes.

Mit wachsender Achtsamkeit gewinnen Sie Ihr Leben zurück. Ihnen wird bewusst, wie viel Zeit Sie mit hohlem, bedeutungslosem Konsumieren vertun. Schauen wir tief, erkennen wir, dass uns sinnloses Konsumieren kein Glück, sondern Leid bringt.

DIE MOTIVATION AUFRECHTERHALTEN

Sind wir nicht in Kontakt mit unserem Wollen, unserem tiefsten Verlangen, dann wird es uns nicht leichtfallen, uns zu konzentrieren, auch wenn wir uns sehr anstrengen und bemühen. Ist dieses Verlangen in uns aber stark ausgeprägt, entsteht die Konzentration, die notwendig ist, um wahrhaftiges Erwachen zu verwirklichen, mühelos. Ob wir nun essen, trinken, spazieren gehen oder abwaschen, selbst wenn wir meinen, dass wir nicht sehr konzentriert sind, sind wir es doch, weil wir von diesem starken Wunsch motiviert werden. Auch Wissenschaftler und Philosophinnen, die auf ihre spezifischen Themen konzentriert sind, kennen diese Art von Verlangen. Berühren wir unser tiefstes Verlangen, fällt uns die Konzentration leicht und bleibt uns lange erhalten. Wir werden konzentriert sein, nicht nur in der Meditationshalle, sondern auch im Badezimmer, im Garten, in der Küche, auf dem Markt, wo immer wir sind.

DAS SPIRITUELLE LIEGT IM ALLTÄGLICHEN

Mit Achtsamkeit und Konzentration wird alles spirituell. Wo suchen Sie das Spirituelle? Suchen Sie es in jeder alltäglichen Tätigkeit. Das Fegen des Bodens, das Putzen und Waschen des Gemüses und das Spülen des Geschirrs werden durch Achtsamkeit und Konzentration heilig. Jede Minute kann eine heilige Minute sein.

Beim Geschirrspülen in der
historischen Dimension
sehe ich den hohen Stapel Teller.
Von der letztendlichen Dimension aus betrachtet,
stellt der Stapel kein Hindernis dar.

WIE EIN KLARER BERGSEE

Findet sich in der Nähe eines Berges ein See mit klarem, ruhigem Wasser, spiegeln sich darin der Berg und der Himmel in unverfälschter Klarheit. Das ist auch Ihnen möglich. Wenn Sie ruhig und still genug sind, spiegeln sich in Ihrem Geist der Berg, der blaue Himmel und der Mond genau so, wie sie sind. Es spiegelt sich alles, was Sie wahrnehmen, genau so, wie es ist, ohne Verzerrung. Wenn wir ruhig sitzen und nur ein- und ausatmen, entwickeln wir Konzentration, Klarheit und Stärke. Sitzen Sie also wie ein Berg. Kein Wind kann den Berg wegblasen. Ist es Ihnen möglich, eine halbe Stunde lang zu sitzen, genießen Sie es, diese halbe Stunde zu sitzen. Können Sie ein paar Minuten sitzen, genießen Sie es, ein paar Minuten zu sitzen. Auch das ist gut.

EINS NACH DEM ANDEREN

Jeden Morgen bekommen Sie vielleicht bei der Arbeit eine Menge wichtiger E-Mails, und Sie müssen sich entscheiden, welche Sie zuerst lesen wollen. Vielleicht gibt es zwei, die gleich wichtig zu sein scheinen, aber Sie müssen sich für eine entscheiden. Nachdem Sie diese Entscheidung getroffen haben, sollten Sie sich nur noch mit dieser E-Mail befassen. Wenn Sie eine Brücke überqueren, gehen Sie nur über diese Brücke. Denken Sie nicht an die nächste Brücke. Sie werden sie überqueren müssen, aber erst nachdem Sie diese Brücke überquert haben. Das ist unsere Praxis, das ist Konzentration: einsgerichteter Geist. Haben wir uns nicht darin geübt, unsere gesamte Aufmerksamkeit auf ein einziges Objekt zu richten, werden wir schnell abgelenkt sein. Das ist eine Frage des Trainings. Man muss zu hundert Prozent bei dem sein, was im Hier und Jetzt da ist; Konzentration ist ganz entscheidend.

Arbeiten Sie therapeutisch, ist es dasselbe. Sind Sie mit einer Klientin zusammen, denken Sie nicht schon an die nächste. Sie müssen sich hundertprozentig auf diese eine konzentrieren und ganz bei ihr sein. Vielleicht haben Sie den Wunsch, viele Dinge zu tun, vielen Menschen zu helfen. Auch der Buddha hatte den Wunsch, vielen Menschen zu helfen. Aber er war in der Lage, jeweils ganz bei einer Person zu sein, um sie so tief zu verstehen, dass er ihr die beste Lehre und Lösung anbieten konnte. Als Lehrerin, Therapeut, Elternteil und so weiter müssen wir auf die gleiche Weise praktizieren und unsere Aufmerksamkeit jeweils auf ein Objekt im Hier und Jetzt richten.

RECHTE SICHTWEISE

Wir üben Achtsamkeit und Konzentration, um die rechte Sichtweise zu erlangen. Andernfalls wird unsere Sicht nicht mit der Wirklichkeit übereinstimmen – sie wird nicht von der Weisheit der Unbeständigkeit, des Nichtselbst, der Nichtwertenden-Unterscheidung und des Interseins getragen sein– und deshalb werden unser Denken, Reden und Handeln für uns selbst und andere leidbringend sein. Solange wir nicht klar sehen, werden uns unsere falschen Wahrnehmungen daran hindern, eine rechte Sichtweise zu haben. Tief die Wirklichkeit zu berühren befreit uns von falschen Wahrnehmungen. Auf der Grundlage rechter Sichtweise werden jeder unserer Gedanken, jedes unserer Worte und jede unserer Handlungen im Einklang mit der Einsicht rechter Sichtweise stehen. Es gibt viele Konzentrationsübungen, die uns helfen können, die rechte Sichtweise zu kultivieren. Sie ist die Einsicht in die Wirklichkeit des Lebens.

DIE DREI DHARMA-SIEGEL

Die drei Dharma-Siegel sind drei zentrale Aspekte im Buddhismus: Unbeständigkeit, Nichtselbst und Nirvana. Sie kennzeichnen alle buddhistischen Lehren und sind die Schlüssel, um jedes Phänomen tief zu berühren und die Tür der Wirklichkeit zu öffnen. Achtsamkeit und Konzentration sind die Energien, die wir nutzen können, um mit etwas in Berührung zu kommen. Wenn wir zum Beispiel mit unserem Herzen in Kontakt sind, spürt unser Herz dies und freut sich über unsere Aufmerksamkeit. Nutzen wir unsere Achtsamkeit, um es in aller Tiefe zu berühren, erkennen wir seine *unbeständige* Natur. Selbst wenn unser Herz vor drei Monaten gesund war, ist das keine Garantie dafür, dass es für immer gesund bleiben wird, vor allem, wenn wir uns nicht um unser Herz kümmern. Gleichzeitig erkennen wir die Nichtselbst-Natur unseres Herzens, seine wechselseitige Abhängigkeit mit allem anderen. Das Wohlbefinden unseres Herzens hängt von vielen weiteren Elementen ab, wie der Gesundheit unserer anderen Organe, den Dingen, die wir essen und trinken, unserer Umwelt und erblichen Faktoren.

Schauen wir tief in die unbeständige und selbstlose Natur unseres Herzens, dann beginnen wir zu verstehen, was schwierig für unser Herz ist. Wir empfinden tiefe Zuneigung für unser Herz, möchten uns um es kümmern; und unsere Fürsorge kann den Zustand unseres Herzens verändern. Das Gleiche gilt für jeden anderen Teil unseres Körpers. Wir hören auf, in einer Weise zu rauchen, zu essen und zu trinken, die unsere Leber schädigt, unsere Lunge nicht mehr richtig funktionieren lässt oder den Blutfluss zu und von unserem Herzen behindert. Wenn wir die Drei Dharma-Siegel als Schlüssel benutzen, um die Tür zur Wirklichkeit unseres Körpers zu öffnen, lernen wir, ihn tief zu verstehen. Erst wenn wir das tun, können wir uns sorgsam um ihn kümmern.

In gleicher Weise können wir diese drei Schlüssel benutzen, um die Tür zur Wirklichkeit aller Dinge zu öffnen. Unbeständigkeit und Nichtselbst gehören zur Welt der Phänomene, zur historischen Dimension. Wenn wir die Phänomene tief berühren und die Welt im Sinne der Unbeständigkeit und des Nichtselbst betrachten, dann befinden wir uns in der Sphäre von Nirvana, der letztendlichen Dimension; wir fühlen uns wohl und sind ohne Angst.

Unbeständigkeit und Nichtselbst sind im Wesentlichen dasselbe; sie bedeuten beide, dass es ein eigenständiges, dauerhaftes Selbst nicht gibt. Wir sagen Unbeständigkeit, wenn wir es in Bezug auf die Zeit betrachten, und Nichtselbst, wenn wir es in Bezug auf den Raum betrachten. Unser Speicherbewusstsein, unser unbewusster Geist, ist unbeständig und ohne ein eigenständiges Selbst, und – genau wie eine Blume oder ein Stück Brot – enthält es alle Phänomene im Kosmos.

UNBESTÄNDIGKEIT

Vom Kopf her wissen wir, dass alles unbeständig ist, aber in unserem Alltag verhalten wir uns immer noch so, als ob die Dinge beständig wären. Vergänglichkeit ist mehr als eine Idee. Sie ist eine Praxis, die uns hilft, die Realität zu berühren. Jedes Objekt unserer Wahrnehmung kann uns die Natur der Vergänglichkeit offenbaren. Wir können unsere Einsicht in die Unbeständigkeit den ganzen Tag lang nähren. Wenn wir tief in die Unbeständigkeit schauen, sehen wir, dass sich die Dinge verändern, weil sich Ursachen und Bedingungen ändern.

Wir müssen lernen, den Wert der Unbeständigkeit zu schätzen. Wenn wir gesund und uns der Vergänglichkeit bewusst sind, werden wir gut für uns sorgen. Ist uns bewusst, dass die Person, die wir lieben, unbeständig ist, werden wir den geliebten Menschen umso mehr schätzen. Unbeständigkeit lehrt uns, jeden Augenblick zu achten und zu schätzen, ebenso wie all die wertvollen Dinge um uns herum. Wenn wir achtsam sind für die Vergänglichkeit, nehmen wir die Dinge nicht als selbstverständlich hin, werden präsenter und liebevoller und sehen alles mit neuen Augen.

Tiefes Schauen kann zu einer Lebensweise werden. Bewusstes Atmen hilft uns, mit den Dingen in Kontakt zu kommen und ihre Unbeständigkeit tief zu betrachten. Dies wird uns davon abhalten, uns darüber zu beschweren, dass alles unbeständig ist. Erst durch Unbeständigkeit ist Transformation möglich. Dank der Unbeständigkeit können wir Leiden in Freude verwandeln. Wenn wir uns in der Kunst des achtsamen Lebens üben, werden wir es nicht bedauern, wenn sich die Dinge ändern.

Wir müssen unsere Einsicht in die Unbeständigkeit jeden Tag nähren. Wenn wir das tun, werden wir auf tiefgreifendere Weise leben, weniger leiden und das Leben viel mehr genießen. Wir werden dann die Grundlage der Wirklichkeit berühren: Nirvana, die Welt ohne Geburt und Tod. Wenn wir die Unbeständigkeit tief berühren, berühren wir die Welt jenseits von Beständigkeit und Unbeständigkeit. Wir berühren den Grund des Seins und sehen, dass das, was wir Sein und Nichtsein genannt haben, nur Begriffe sind. Nichts ist jemals verloren. Nichts wird jemals gewonnen.

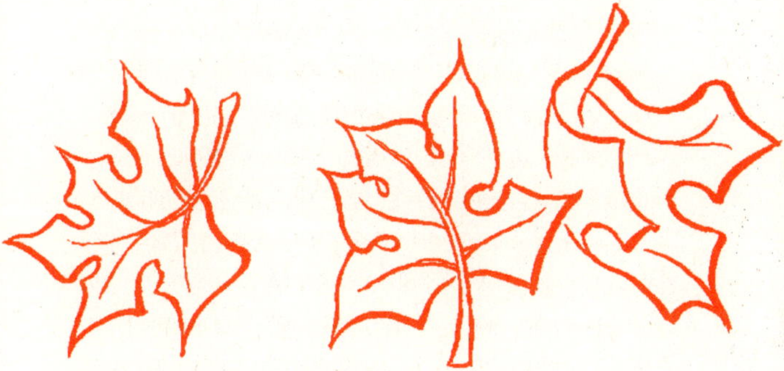

DIE WEISHEIT DER UNBESTÄNDIGKEIT NUTZEN

Angenommen, Sie sind wütend auf Ihren Partner. Er hat gerade etwas gesagt, das Sie sehr verletzt hat. Sie leiden so sehr, dass Sie den Wunsch verspüren, etwas zu erwidern, damit es ihm nun schlecht geht. Sie glauben, dass Sie auf diese Weise weniger leiden. Wir sind intelligent genug, um zu wissen, dass dies ein kindisches Verhalten ist, aber viele von uns tun es trotzdem. Wenn Sie etwas sagen, das für die andere Person verletzend ist, dann wird sie versuchen, sich dadurch Erleichterung zu verschaffen, dass sie Ihnen nun ihrerseits etwas Verletzendes sagt. Sie beide üben sich in der Eskalation der Wut. Angenommen, Sie üben sich stattdessen darin, sich auf die Unbeständigkeit zu konzentrieren. Schließen Sie einfach die Augen und atmen Sie ein. In den drei oder vier Sekunden des Einatmens stellen Sie sich vor, wie der geliebte Mensch in dreihundert Jahren sein wird.

Was wird mein geliebter Mensch in dreihundert Jahren sein?
Was werde ich in dreihundert Jahren sein?

Wenn Sie sich so die Unbeständigkeit vergegenwärtigen, erkennen Sie sofort, dass Ihr geliebter Mensch vergänglich ist, dass Sie vergänglich sind und es somit ausgesprochen dumm ist, einander im gegenwärtigen Moment so viel Leid zuzufügen. Sich auf die Unbeständigkeit zu konzentrieren führt zur Einsicht in die Unbeständigkeit; dadurch berühren Sie die Natur der Vergänglichkeit in sich selbst und in dem geliebten Menschen auf sehr reale Weise. Wenn Sie Ihre Augen öffnen, sind Sie so glücklich, dass er noch am Leben ist, und Sie möchten ihn am liebsten in die Arme nehmen.

Einatmend weiß ich, dass du, meine Liebste / mein Liebster, noch am Leben bist.
Ausatmend bin ich so glücklich.

NICHTSELBST

Wenn wir tief in etwas hineinschauen, sehen wir, dass dessen Existenz nur durch die Existenz von allem anderen möglich ist. Aus Sicht der Zeit sagen wir Unbeständigkeit; aus Sicht des Raums sprechen wir von Nichtselbst. Die Dinge können nicht für zwei aufeinanderfolgende Momente sie selbst bleiben; daher gibt es nichts, was als ein dauerhaftes Selbst bezeichnet werden könnte. Von Moment zu Moment verändern wir uns körperlich und geistig. Tief die Unbeständigkeit betrachtend, sehen wir Nichtselbst. Tief das Nichtselbst betrachtend, erkennen wir Unbeständigkeit. Wir sehen, dass wir aus Nicht-Ich-Elementen bestehen; wir können unsere Vorfahren, Eltern, Kulturen, die Gesellschaft – einfach alles – in uns erkennen. Diese Lehre kann so einfach dargestellt werden, dass auch Kinder sie verstehen können. Wir können uns zum Beispiel das Element Familie in uns vorstellen:

In mir sehe ich meinen Vater als
fünfjähriges Kind, klein und verletzlich.
Voller Mitgefühl lächle ich ihm zu.

Eine solche geführte Meditation kann uns helfen, die Wahrheit des Nichtselbst zu berühren. Wenn wir wissen, dass wir aus Nicht-Ich-Elementen bestehen, wissen wir, dass unser Vater in uns ist, voller Lebendigkeit in jeder Zelle unseres Körpers, auch sein Leiden ist immer noch in uns. Daraus erwächst die Einsicht in unsere wechselseitige Abhängigkeit und Verbundenheit, in Intersein und Nichtselbst. Diese Einsicht kann uns von jeglicher Wut befreien, die wir gegenüber unserem Vater hegen mögen.

Aus Einsicht erwächst Liebe, ohne Einsicht ist Liebe nicht möglich. Ohne Verstehen können Sie nicht lieben. Das ist Einsicht, direktes Verstehen, und nicht bloß eine Idee. In der Meditation erhellt uns das Licht dieser Einsicht. Nichts hat eine abgetrennte Existenz, ein eigenständiges Selbst. Alles ist mit allem anderen verbunden, ist mit allem inter.

NICHTSELBST-KEKSE

Als ich zum ersten Mal Erdnussbutterkekse probierte, war ich begeistert! Das war im Tassajara Zen Mountain Center in Kalifornien. Ich lernte, dass man die Zutaten mischt, aus denen man den Teig zubereitet, und dann jeden Keks mit einem Löffel auf ein Backblech legt. Ich stellte mir vor, dass jeder Keks in dem Moment, in dem er die Schüssel mit dem Teig verlässt und auf das Blech gelegt wird, anfängt, sich als eigenständig zu betrachten. Sie, als Schöpfer der Kekse, wissen es besser, und Sie haben viel Mitgefühl mit ihnen. Sie wissen, dass sie ursprünglich alle eins sind und dass das Glück eines jeden Kekses auch jetzt noch das Glück aller anderen Kekse ist. Aber die Kekse haben eine unterscheidende Wahrnehmung entwickelt, und plötzlich errichten sie Barrieren zwischen sich. Wenn sie in den Ofen geschoben werden, beginnen sie miteinander zu reden: »Geh mir aus dem Weg. Ich will in der Mitte sein.« »Ich bin braun und schön, und du bist hässlich!« »Kannst du dich bitte ein bisschen in diese Richtung ausbreiten?« Auch wir haben die Tendenz, uns so zu verhalten, und das verursacht sehr viel Leid. Wenn wir wissen, wie wir den nichtunterscheidenden Geist berühren können, werden unser Glück und das Glück anderer um ein Vielfaches zunehmen.

Wir alle haben die Fähigkeit, mit der Weisheit der Nichtwertenden-Unterscheidung zu leben, aber wir müssen uns darin üben, auf diese Weise wahrzunehmen, zu erkennen, dass die Blume wir sind, dass der Berg wir sind, dass unsere Eltern und unsere Kinder alle wir sind. Wenn wir sehen, dass alles, jede und jeder zum selben Strom des Lebens gehört, wird unser Leiden schwinden. Das Nicht-selbst ist weder eine Doktrin noch eine Philosophie, es ist eine Einsicht, die uns helfen kann, das Leben tiefgreifender zu leben, es mehr zu genießen und weniger zu leiden.

NIRVANA

Wenn wir Unbeständigkeit und Nichtselbst verstehen, berühren wir bereits Nirvana. Viele Menschen meinen, dass Nirvana ein Ort des Glücks sei, an den erleuchtete Menschen nach ihrem Tod gelangten. Nichts könnte irreführender sein. Nirvana kann genau hier und jetzt, in diesem Leben, verwirklicht werden. Nirvana bedeutet Befreiung und Freiheit. Wenn wir in der Lage sind, uns von unseren Leiden wie Anhaftung, Hass und Eifersucht zu befreien, von unseren falschen Ansichten wie unseren Vorstellungen von Geburt und Tod, Sein und Nichtsein, Kommen und Gehen, Selbst und andere, Gleiches und Verschiedenes, dann können wir im gegenwärtigen Moment mit Nirvana in Berührung kommen.

Nirvana kann nicht in Worten und Begriffen beschrieben werden, weil es jenseits unserer Sprache und Vorstellungen liegt. Nirvana bedeutet, dass wir uns die Zeit dafür nehmen, zu genießen, wo wir sind. Das Glück, das mit Nirvana einhergeht, ist sehr groß. Um Nirvana zu genießen, müssen wir all die Dinge aufgeben, die uns in unserem täglichen Leben fesseln, und ganz automatisch ist Nirvana da. Wenn wir uns frühmorgens aus unseren warmen Decken schälen, unseren Wunsch, einfach liegen zu bleiben, aufgeben, die Tür öffnen und nach draußen treten, ist sofort die kühle Brise, sind der Mond und die Sterne für uns da. Das ist Nirvana. Wünschen wir uns nichts Geringeres als das.

STAR
GOING UP
HEY YOU...
BEST

ÜBUNGEN, UM PRÄSENTER ZU SEIN

DIE SECHZEHN ÜBUNGEN DES BEWUSSTEN ATMENS

Im *Sutra über das Bewusste Atmen* zeigt uns der Buddha, wie wir mehr Konzentration entwickeln und unsere Angst, Verzweiflung, Wut und unser Verlangen transformieren können. Ich war so glücklich, als ich diesen Text entdeckte. Ich hatte das Gefühl, den größten Schatz der Welt gehoben zu haben. Vorher hatte ich mich damit begnügt, einfach nur Wissen zu erlangen. Ich wusste nicht, wie ich den gegenwärtigen Moment genießen, in tiefer Weise mein Leben betrachten und die positiven Bedingungen um mich herum genießen konnte. Dieses Sutra ist so grundlegend und wunderbar. Es gibt viele großartige Sutras, aber sich ihnen zuzuwenden, ohne dieses Sutra zu studieren, ist so, als würde man versuchen, den Gipfel eines Berges zu erklimmen, ohne den Weg zu kennen.

Es ist in vier Gruppen mit je vier Übungen unterteilt. In der ersten Gruppe geht es um den Bereich des Körpers, in der zweiten um unsere Gefühle, in der dritten um die Betrachtung unseres Geistes, in der vierten um die Betrachtung der Geistesobjekte: um alle Phänomene.

DER BEREICH DES KÖRPERS

Die ersten vier Übungen helfen uns, uns unserem Körper zuzuwenden, um tief in ihn hineinzuschauen und uns um ihn zu kümmern. Das erste Objekt des Gewahrseins ist unser Atem selbst. Unser Atem kann kurz, lang, schwer oder leicht sein. Nehmen Sie ihn einfach wahr; versuchen Sie nicht, ihn zu verändern. Erlauben Sie ihm, einfach zu sein. Wenn wir uns auf diese Weise im Gewahrsein üben, werden unser Geist und unser Atem eins. Wir erkennen, dass die Atmung ein Aspekt des Körpers ist und dass wir mit dem Körper in Berührung kommen, wenn wir uns unseres Atems bewusst werden. Es ist wichtig, dass wir in unserem täglichen Leben lernen, unserem Körper Harmonie und Leichtigkeit zu schenken und Körper und Geist wieder zu vereinen. Wir atmen bewusst ein und aus und bringen unseren Geist heim zu unserem Körper. Wir konzentrieren uns auf unseren Körper, um ihn zu beruhigen, zu entspannen, zu heilen und ihm Wohlbehagen zu schenken.

1 Des Atems bewusst werden

Die erste Übung besteht darin, sich der Ein- und Ausatmung bewusst zu werden. Lenken Sie beim Einatmen Ihre Aufmerksamkeit auf die Einatmung. Fokussieren Sie Ihre Aufmerksamkeit nur auf das Einatmen und lassen Sie alles andere los – die Vergangenheit, die Zukunft, Ihre Projekte. Allein durch das bewusste Einatmen sind Sie frei, denn in diesem Moment sind Sie nicht Ihr Kummer, Ihre Angst oder Ihr Bedauern. Sie sind nur Ihr Einatmen. Sprechen Sie beim Einatmen leise den ersten Satz; beim Ausatmen den zweiten Satz. Während Sie weiter bewusst ein- und ausatmen, können Sie die Schlüsselwörter »ein, aus« verwenden.

Einatmend weiß ich, dass ich einatme.
Ausatmend weiß ich, dass ich ausatme.
Ein.
Aus.

Diese Übung zu praktizieren ist bereits Erleuchtung. Normalerweise ist uns gar nicht bewusst, dass wir einatmen. Jetzt beziehen wir unseren Geist mit ein und erkennen: »Ich atme ein.« In uns erwacht vielleicht die Einsicht: »Ich lebe!« Lebendig zu sein ist etwas Wunderbares. Das bewusste Ein- und Ausatmen kann sehr freudvoll sein. Es ist die Grundlage der Achtsamkeitspraxis. Unterschätzen Sie bitte diese einfache Übung nicht. Auch wenn Sie das achtsame Atmen schon seit vielen Jahren praktizieren, bleibt es eine wunderbare Übung, und Sie können sie immer noch weiter vertiefen und Ihren Nutzen daraus ziehen.

2 Dem Atem folgen

Einatmend folge ich meinem Einatem
vom Anfang bis zum Ende.
Ausatmend folge ich meinem Ausatem
vom Anfang bis zum Ende.
Dem Einatem folgen.
Dem Ausatem folgen.

Während der gesamten Zeit des Ein- und Ausatmens sind Sie ohne Unterbrechung mit Ihrer Aufmerksamkeit beim Atemgeschehen. Sie sind ganz auf die Ein- und Ausatmung konzentriert. Nicht eine Millisekunde geht verloren. Das Objekt Ihrer Konzentration ist die Einatmung. Sie sind ganz beim Einatmen und verweilen dabei. Es gibt kein Denken mehr, keine Vergangenheit und keine Zukunft. Sie genießen den Einatem. Während der Übung müssen Sie nicht leiden. Wenn Sie Ihre Aufmerksamkeit auf den Atem richten, finden Sie sehr schnell heraus, dass Sie zutiefst lebendig sind, hier und jetzt präsent, auf diesem schönen Planeten Erde, umgeben von Bäumen, und da sind der Sonnenschein und der blaue Himmel. Wenn Sie beim Gehen achtsam atmen, erkennen Sie, dass es ein Wunder ist, am Leben zu sein und Schritte auf diesem schönen Planeten zu machen, und Sie sind glücklich.

3 Des Körpers bewusst werden

Einatmend bin ich mir meines
ganzen Körpers bewusst.
Ausatmend bin ich mir meines
ganzen Körpers bewusst.

Wir erkennen, dass wir unseres ganzen Körpers gewahr werden, wenn wir uns unseres Atmens bewusst sind. Unser Geist, unser Atem und unser Körper sind eins. Wir verbinden uns wieder mit unserem Körper. Wir erinnern uns daran, dass unser Körper da ist. Wenn Körper und Geist zusammen sind, sind wir wirklich präsent und können jeden Moment des täglichen Lebens auf tiefgreifende Weise leben. Wir versöhnen uns mit unserem Körper, wir werden unser Körper, und die Entfremdung und Trennung von Körper und Geist hören auf. Wenn wir zu unserem Körper zurückkehren, berühren wir das Wunder, das unser Körper ist. Millionen von Prozessen sind für sein Funktionieren notwendig. Wissen Sie, wie Sie sich mit Ihrem Körper verbinden und in Berührung mit ihm sein können, versetzt Sie das in die Lage, sich mit Mutter Erde und dem gesamten Kosmos zu verbinden.

4 Das Beruhigen und Loslassen von Spannungen im Körper

Einatmend beruhige ich meinen Körper.
Ausatmend löse ich die Spannungen in meinem Körper.

Wenn wir unseren Körper beruhigen, kann er zur Ruhe kommen. Das ist eine Voraussetzung für die Heilung von Körper und Geist. Wenden wir uns unserem Körper zu, können wir uns des Leidens und der Spannungen in unserem Körper bewusst werden. Da wir meist recht achtlos leben, sammeln sich Anspannung und Schmerzen in unserem Körper leicht an, und das moderne Leben bringt zusätzlichen Stress mit sich. Wir müssen unserem Körper mit Freundlichkeit begegnen und ihm die Möglichkeit geben, sich zu entspannen. Während wir ein- und ausatmen, beruhigen wir unseren Körper, und dadurch lösen sich allmählich die Spannungen in unserem Körper.

Unabhängig von der Position unseres Körpers, ob wir liegen, stehen, sitzen oder gehen – wir können immer bewusstes, achtsames Atmen praktizieren und Spannungen lösen: während Sie Frühstück zubereiten, duschen, Auto fahren oder im Bus sitzen. Sie müssen keine besondere Zeit dafür einplanen. Wir sollten nicht sagen: »Ich habe keine Zeit zum Üben.« Wir haben jede Menge Zeit. Wir können den ganzen Tag lang üben und werden den Nutzen des Übens sofort erfahren.

Wenn Sie zum Klassenzimmer, zum Arbeitsplatz oder zur Meditationshalle gehen, können sich die körperlichen Spannungen mit jedem Schritt lösen. Gehen Sie wie ein freier Mensch und genießen Sie jeden Schritt, den Sie machen. Sie sind nicht mehr in Eile. Gehen Sie mit Leichtigkeit und lassen Sie mit jedem Schritt die Anspannungen im Körper los. So sollten Sie jedes Mal gehen, wenn Sie sich von einem Ort zu einem anderen begeben. Wenn Sie sich darin üben, entspannt Sie das und schenkt Ihnen Freude, und das kommt allen in Ihrer Umgebung zugute. Achtsames Atmen ist ein Akt der Liebe. Sie werden zu einem Instrument des Friedens und der Freude und können anderen helfen.

DER BEREICH DER GEFÜHLE

Mit den folgenden vier Übungen wenden wir uns unseren Gefühlen zu, um Freude und Zufriedenheit zu entwickeln und Leiden zu transformieren. Unsere Gefühle sind wir. Wenn wir uns nicht um sie kümmern, wer dann? Jeden Tag erleben wir unangenehme, schmerzhafte Gefühle, und wir müssen lernen, mit ihnen umzugehen. Unsere Lehrer und unsere Freundinnen können uns bis zu einem gewissen Grad helfen, aber die Arbeit müssen wir selbst tun. Unser Körper und unsere Gefühle sind unser Territorium, und wir sind für dieses Territorium verantwortlich. Wenn Sie bewusst atmen und Ihren Körper beruhigen, stellen sich ganz natürlich Gefühle der Freude und des Wohlbefindens ein. Wenn Sie die sechzehn Übungen durchführen, werden Sie feststellen, dass jede Übung zur nächsten führt.

5 Freude kultivieren

Einatmend bin ich mir eines Gefühls
der Freude bewusst.
Ausatmend bin ich mir eines Gefühls
der Freude bewusst.

Schnell verlieren wir uns in unserer Arbeit und in unseren Sorgen, und dann sehen wir die Wunder des Lebens nicht. Jetzt kommen wir wieder in Berührung mit der klaren Luft, der Tasse Tee, den Blumen und dem Gras, mit dem wunderbaren Planeten Erde. Wir erfahren, dass wir durch unsere Sinne mit all dem in Berührung sind, und ein Gefühl der Freude stellt sich leicht ein.

6 Glück kultivieren

Einatmend bin ich mir eines Gefühls
des Glücks bewusst.
Ausatmend bin ich mir eines Gefühls
des Glücks bewusst.

In der sechsten Übung wird die Freude zu Glück und Frieden. Glücklichsein ist hier und jetzt möglich. Wir brauchen nur ein paar Sekunden einzuatmen, um zu sehen, dass es möglich ist, sofort glücklich zu sein. Viele Menschen glauben, dass Reichtum, Macht oder Ruhm sie glücklich machen würden. Aber wenn wir auf diese Weise üben, wissen wir, dass Achtsamkeit und Konzentration die Quellen des Glücks sind. Der kleine Unterschied zwischen Freude und Glück besteht darin, dass Freude immer noch ein gewisses Maß an Aufgeregtheit enthält.

Oft glauben wir, nicht genügend Bedingungen für unser Glück zu haben. Wir hoffen darauf, in der Zukunft weitere Bedingungen für unser Glück zu finden. Wenn wir die ersten vier Übungen gemeistert und uns im Hier und Jetzt verankert haben, erkennen wir leicht, dass wir bereits mehr als genug Bedingungen haben, um glücklich zu sein. »Einatmend bin ich mir eines Gefühls des Glücks bewusst« ist keine Einbildung, ist kein Wunschdenken, denn wenn wir zu uns selbst zurückkehren, berühren wir die Bedingungen für das Glück in uns und um uns herum.

7 Schmerzhafte Gefühle erkennen

Einatmend bin ich mir eines schmerzhaften Gefühls in mir bewusst.
Ausatmend bin ich mir eines schmerzhaften Gefühls in mir bewusst.

Bei dieser Übung geht es darum, ein aufkommendes schmerzhaftes Gefühl einfach wahrzunehmen. Es gibt die Energie des Schmerzes, aber es gibt auch die Energie der Achtsamkeit, die darin besteht, den Schmerz zu erkennen und zärtlich zu umarmen, ohne ihn unterdrücken zu wollen. Wenn wir uns darin nicht üben, überwältigt uns ein Schmerz sehr leicht, oder wir sind versucht, wegzulaufen und das schmerzhafte Gefühl zu überdecken, indem wir essen, Musik hören, im Internet surfen – alles nur, um uns nicht mit dem inneren Leiden auseinanderzusetzen. So vieles steht uns heute zur Verfügung, mit dem wir unser Leiden überdecken können. Durch unser Konsumieren nimmt unser Leiden zu. Wir müssen mit unserem Schmerz in Berührung kommen, damit wir die Möglichkeit haben, ihn zu heilen. Wir praktizieren Meditation, um mit unserer Freude und unserem Glück, aber auch mit unserem

Leiden und unserem Schmerz in Berührung zu kommen. Wenn wir unseren Geist zu unserem Körper zurückbringen und Freude und Glück kultivieren, wird uns das die nötige Kraft geben, um unseren unangenehmen, schmerzhaften Gefühlen zu begegnen und sie anzunehmen. Wir laufen nicht mehr vor ihnen davon oder verstecken uns. Indem wir uns um das schmerzhafte Gefühl kümmern, schwindet die Entfremdung zwischen unserem Körper und Geist.

8 Ein schmerzhaftes Gefühl lindern

Einatmend umarme ich mein
schmerzhaftes Gefühl.
Ausatmend beruhige ich mein
schmerzhaftes Gefühl.

Wenn wir wissen, wie wir ein leidvolles Gefühl oder eine schmerzhafte Empfindung zärtlich umarmen können, werden wir bereits eine gewisse Erleichterung erfahren. Jedes Mal, wenn wir ein leidvolles Gefühl oder eine schmerzhafte Empfindung spüren, kehren wir zu unserem achtsamen Atmen zurück und erzeugen die Energie der Achtsamkeit und

Konzentration, um den Schmerz zu erkennen und zu umarmen, so wie eine liebevolle Mutter das Leiden ihres Kindes erkennt und das Kind liebevoll in ihre Arme schließt.

Diese Übungen für die Gefühle zeigen uns, wie wir mit Glück und Schmerz umgehen können. Wenn wir wissen, wie wir mit Glück umgehen können, vermögen wir unsere Liebe, unseren Frieden und unser Glück durch unser Gewahrsein weiter zu nähren und für lange Zeit aufrechtzuerhalten. Empfinden wir Schmerz, macht uns das keine Angst, denn wir wissen, wie wir damit umgehen, Linderung erfahren und den Schmerz in ein tieferes Verstehen transformieren können. Am Anfang wissen wir vielleicht nicht, woher unser Leiden kommt, aber wenn wir es erkennen und zärtlich halten können, leiden wir schon weniger. Durch Achtsamkeit und Konzentration werden wir bald die Quelle und die Wurzeln unseres Schmerzes und Leidens entdecken, und es werden Verstehen und Mitgefühl in uns wachsen.

DER BEREICH DES GEISTES

Der Geist besteht aus geistigen Formationen oder geistigen Gebilden. Jedes geistige Gebilde ist wie ein Wassertropfen im Fluss des Geistes. Zorn, Angst, Achtsamkeit, Konzentration, liebende Güte und Einsicht – sie alle sind geistige Gebilde. Bei der neunten Übung des achtsamen Atmens sitzen wir am Ufer des Flusses der geistigen Gebilde und erkennen jedes aufkommende geistige Gebilde.

9 Der geistigen Gebilde bewusst werden

Einatmend betrachte ich meinen Geist.
Ausatmend betrachte ich meinen Geist.

Alle geistigen Gebilde können sich im Geistbewusstsein manifestieren. Es gibt einundfünfzig Kategorien geistiger Gebilde: fünf universelle, fünf spezielle, elf heilsame, sechsundzwanzig unheilsame und vier unbestimmte. Zunächst gibt es die fünf geistigen Gebilde, die universell genannt werden, weil sie zu allen Zeiten und auf allen Bewusstseinsebenen wirken. Die fünf speziellen wirken nicht auf allen Bewusstseinsebenen. Zur Kategorie der heilsamen geistigen Gebilde gehören Mitgefühl, liebende Güte, Glaube oder Vertrauen und so weiter. Die Kategorie der unheilsamen geistigen Gebilde umfasst die sechs grundlegenden wie Gier, Wut und Verblendung und die sekundären unheilsamen wie Ärger, Selbstsucht, Neid und so weiter.

Die unbestimmten oder neutralen geistigen Gebilde sind von Natur aus weder heilsam noch unheilsam. Wenn unser Körper und Geist Ruhe brauchen, ist Schlaf heilsam. Aber wenn wir zu viel schlafen, kann das unheilsam sein. Wenn wir jemanden verletzen und es bereuen, ist das ein heilsames Bedauern. Aber wenn unser Bedauern zu einem Schuldkomplex führt, der das, was wir in der Zukunft tun, einfärbt, ist das ein unheilsames Bedauern. Wenn unser Denken uns hilft, klar zu sehen, ist es nützlich. Aber wenn unser Geist sich in viele Richtungen zerstreut, ist dieses Denken nicht förderlich.

Alle geistigen Gebilde finden sich in unserem Bewusstsein in Form von Samen. Jedes Mal, wenn sich eins davon als Energie manifestiert, sollten wir genug Bewusstheit haben, um es zu erkennen und bei seinem wahren Namen zu nennen. »Hallo, mein geistiges Gebilde. Dein Name ist Eifersucht. Ich kenne dich. Ich werde mich gut um dich kümmern.«

Im Folgenden finden Sie die traditionelle Liste geistiger Gebilde, die der Autor durch eine Anzahl weiterer ergänzt hat.

Fünf universelle geistige Gebilde

- Kontakt
- Aufmerksamkeit
- Gefühl
- Wahrnehmung
- Willensregung

Fünf spezielle geistige Gebilde

- Absicht
- Entschlossenheit
- Achtsamkeit
- Konzentration
- Weisheit, Einsicht

Elf heilsame geistige Gebilde

- Vertrauen
- Innere Scham
- Scham vor anderen
- Abwesenheit von Gier
- Abwesenheit von Hass
- Abwesenheit von Unwissenheit
- Beharrlichkeit, Energie
- Frieden, Leichtigkeit
- Wachsamkeit, Energie
- Gleichmut
- Nicht-Verletzen, Gewaltlosigkeit

Heilsame geistige Gebilde, hinzugefügt von Thich Nhat Hanh

- Nicht-Angst
- Abwesenheit von Besorgnis
- Stabilität, Festigkeit
- liebende Güte
- Mitgefühl
- Freude
- Demut
- Glück
- Furchtlosigkeit
- Freiheit, Souveränität

Sechs grundlegende unheilsame geistige Gebilde

- Gier, Habsucht
- Hass
- Unwissenheit, Verwirrung
- Stolz, Arroganz
- Zweifel, Misstrauen
- falsche Sichtweise

Zwanzig sekundäre unheilsame geistige Gebilde

- Wut
- Feindseligkeit, Ressentiment
- Heuchelei
- Böswilligkeit, Übelwollen
- Eifersucht
- Selbstsucht, Geiz
- Hinterhältigkeit, Unehrlichkeit
- Täuschung, Arglist
- Wille zu verletzen
- boshafter Überschwang, Stolz
- Fehlen von innerem Schamgefühl
- Fehlen von Schamgefühl vor anderen
- Rastlosigkeit
- Schläfrigkeit
- Mangel an gläubigem Vertrauen
- Trägheit, Faulheit
- Nachlässigkeit
- Unachtsamkeit, Achtlosigkeit
- Zerstreutheit, Verwirrung
- Mangel an Unterscheidungsvermögen, Fehlen von Einsicht

Unheilsame geistige Gebilde, hinzugefügt von Thich Nhat Hanh

- Angst
- Besorgnis
- Verzweiflung

Vier unbestimmte geistige Gebilde (weder heilsam noch unheilsam)

- Bedauern, Reue
- Schläfrigkeit
- Einsetzen des Denkens
- Fortwährendes Denken

10 Den Geist erfreuen

Einatmend mache ich meinen Geist glücklich.
Ausatmend mache ich meinen Geist glücklich.

Der Geist kann sich leichter konzentrieren, wenn er sich in einem friedlichen, glücklichen Zustand befindet, als wenn er voller Kummer oder Angst ist. Uns ist bewusst, dass wir die Möglichkeit haben, Meditation zu praktizieren, und dass es keinen Moment gibt, der so wichtig ist wie der gegenwärtige. Verweilen wir ruhig im gegenwärtigen Moment, kommt ein Gefühl der Freude in uns auf, sobald wir in uns die Samen des Mitgefühls, des gläubigen Vertrauens, der Güte, des Gleichmuts, der Freiheit, der Liebe, der Vergebung, des Verstehens und so weiter berühren. Wir wissen, dass diese geistigen Gebilde als Samen tief in unserem Bewusstsein vergraben sind; wir brauchen sie nur zu berühren und mit unserem bewussten Atmen zu bewässern; dann werden sie sich manifestieren. In unserem täglichen Leben sollten wir sie gut zu nähren wissen und ihnen die Chance geben, sich als schöne geistige Gebilde zu manifestieren. Wann immer wir die geistigen Gebilde des Mitgefühls oder der

Freude erleben, fühlen wir uns wunderbar. Wir haben viele solcher angenehmen, guten geistigen Gebilde in unserem Bewusstsein, und wir sollten ihnen so oft wie möglich die Chance geben, sich zu manifestieren.

Wir wissen, dass auch uns nahestehende Menschen viel Gutes in sich tragen, und wir möchten vielleicht etwas Unterstützendes sagen oder tun, damit diese heilsamen geistigen Gebilde in ihnen aufkommen und sie glücklich machen können. Wir wollen nicht die Saat der Wut, Angst und Eifersucht in ihnen gießen, sondern die Saat der Freude, des Glücks und des Mitgefühls in uns selbst und unseren Lieben. Dies wird die Praxis des selektiven Gießens oder des rechten Strebens genannt. Sie stärkt unseren Geist, sodass wir in der Lage sind, unsere negativen geistigen Gebilde mit mehr Klarheit und Festigkeit zu betrachten, wenn wir sie umarmen wollen.

11 Konzentration

Einatmend konzentriere ich meinen Geist.
Ausatmend konzentriere ich meinen Geist.

Meditieren bedeutet, ganz präsent zu sein und sich auf das Objekt der Meditation zu konzentrieren. Alle geistigen Gebilde, die sich im gegenwärtigen Moment manifestieren, können Sie zum Objekt Ihrer Konzentration machen. Sie fokussieren Ihren Geist ganz auf ein Objekt, wie eine Linse, die Sonnenstrahlen empfängt und sie so konzentriert, dass sie sich in einem Punkt bündeln. Auf diese Weise können Sie die wahre Natur des Objekts Ihrer Meditation erfahren und die Art von Einsicht erlangen, die Verstehen beinhaltet und Ihnen helfen wird, sich von den Dingen zu befreien, die Sie binden: Ihrem Ärger, Verlangen und Ihrer Verblendung oder Unwissenheit.

12 Befreiung

Einatmend befreie ich meinen Geist.
Ausatmend befreie ich meinen Geist.

Glück ist möglich, wenn wir von unserer Wut, unserer Angst und unserer Verblendung oder Unwissenheit befreit sind. Mittels der achten Übung vermögen wir eine gewisse Linderung erfahren, aber unser Geist ist vielleicht immer noch durch die Vergangenheit, die Zukunft, latente Wünsche, Wut und andere leidvolle Geisteszustände gebunden. Durch genaue Beobachtung können wir die Knoten ausfindig machen, die uns binden und es unserem Geist unmöglich machen, frei und in Frieden zu sein. Wir lockern diese Knoten und lösen die Stricke, die unseren Geist fesseln. Sind wir uns unseres Atems vollkommen bewusst, erhellt das Licht der Wahrnehmung den Geist und befreit ihn. Indem wir tief in die Natur geistiger Gebilde wie Furcht, Ärger oder Angst hineinschauen, entwickeln wir das Verstehen, das uns von den Ursachen unseres Leidens – Anhaftung, Gewalt und Verblendung – befreien wird.

DER BEREICH DER GEISTESOBJEKTE

Bei den letzten vier Übungen des achtsamen Atmens geht es um konzentrative Übungen, die uns helfen sollen, uns von den falschen Vorstellungen und Verblendungen zu befreien, durch die wir unser Leiden bislang aufrechterhalten haben.

Geist und Objekt des Geistes entstehen zur gleichen Zeit; Geist und Objekt sind immer zusammen. Bewusstsein ist immer Bewusstsein von etwas. Gefühl ist immer das Gefühl von etwas. Lieben und Hassen bedeuten stets, etwas zu lieben oder zu hassen. Alle physiologischen Phänomene, wie die Atmung, das Nervensystem und die Sinnesorgane, alle psychologischen Phänomene, wie Gefühle, Gedanken und Bewusstsein, und alle physischen Phänomene, wie Erde, Wasser, Gras, Bäume, Berge und Flüsse, sind Objekte des Geistes. Der Bereich der Geistesobjekte ist der Bereich der Wahrnehmung.

13 Unbeständigkeit

Einatmend beobachte ich die
unbeständige Natur aller Dinge.
Ausatmend beobachte ich die
unbeständige Natur aller Dinge.

Die dreizehnte Atemübung beleuchtet die sich ständig verändernde, unbeständige Natur von allem, was existiert. Auch unsere Atmung selbst ist unbeständig. Die Einsicht in die Unbeständigkeit lässt uns die verbundene, in wechselseitiger Abhängigkeit stehende, selbstlose Natur von allem, was existiert, erkennen. Nichts hat ein eigenständiges, unabhängiges Selbst.

Die Kontemplation über Unbeständigkeit kann uns helfen, unser Leben in Übereinstimmung mit der Einsicht in die Unbeständigkeit zu leben, sodass wir frei von vielen Leiden wie Wut, Angst und Verblendung sein können. Nicht die Idee oder der Begriff »Unbeständigkeit« wird uns befreien und retten, sondern die Einsicht in die Unbeständigkeit oder Vergänglichkeit. Unbeständigkeit ist keine falsche Note im Lied des Lebens. Gäbe es keine Unbeständigkeit, wäre das Leben unmöglich. Wie könnte Ihr kleines Mädchen ohne die Unbeständigkeit aufwachsen und eine junge Frau werden? Wie könnten Sie ohne Unbeständigkeit hoffen, Ihr Leiden zu verändern? Sie können hoffen, Ihr Leiden zu verwandeln, weil Sie wissen, dass es unbeständig ist. Vergänglichkeit, Unbeständigkeit ist also etwas Positives. Wir sollten sagen: »Lang lebe die Unbeständigkeit!«

14 Loslassen

Einatmend betrachte ich das Loslassen.
Ausatmend betrachte ich das Loslassen.

In dieser Übung geht es darum, unsere Vorstellungen und Ideen loszulassen und uns von ihnen zu befreien. Vorstellungen von Geburt und Tod, von Sein und Nichtsein, von Selbst und anderem, von gleich und verschieden sind die Grundlage unserer Angst und Sorgen. Wenn Sie diese Vorstellungen loslassen, werden Sie frei. Sie berühren Ihre wahre Natur. Wenn wir unsere Vorstellungen loslassen, sind wir mit der Wirklichkeit in Berührung. Um mit einem klaren Geist zu leben und die tiefsten Lehren der großen spirituellen Lehrer und Lehrerinnen zu verstehen, müssen wir unsere dualistische Denkweise ablegen, die Quelle unseres Missverstehens und unserer falschen Wahrnehmungen. In dualistischem Denken gefangen werden wir einen Vater und seinen Sohn als zwei völlig unterschiedliche Menschen sehen. Aber wenn wir tief in den Sohn hineinschauen, sehen wir den Vater in jeder Zelle des Sohnes. Sind Sie wütend über Ihren Vater, können Sie ihn nicht aus sich entfernen, selbst wenn Sie nie wieder etwas mit ihm zu tun haben wollen. Ihr Vater ist in jeder Zelle Ihres Körpers präsent.

15 Das Verlangen aufgeben

Einatmend beobachte ich das
Verschwinden des Begehrens.
Ausatmend beobachte ich das
Verschwinden des Begehrens.

Diese Übung ermöglicht uns, die wahre Natur des Objekts unseres Begehrens zu erkennen, zu sehen, dass jedes Phänomen unbeständig ist und sich bereits im Prozess der Auflösung befindet, sodass wir nicht länger von der Idee besessen sind, an irgendetwas als Objekt unseres Begehrens festzuhalten oder es als eine eigenständige Entität zu sehen. Wenn wir einatmen und tief in das Objekt unseres Begehrens hineinschauen, sehen wir die vielen Gefahren, die darin verborgen sein mögen. Wir wissen, dass es unseren Körper und unseren Geist zerstören kann, wenn wir ihm hinterherlaufen. Wir sehen viele Menschen, die sich selbst zerstören, indem sie den Objekten ihres Begehrens nachlaufen. Gleichzeitig gibt es aber auch Menschen, die erkennen, dass wahres Glück aus Verstehen und Liebe besteht. Je mehr wir Verstehen und Liebe kultivieren, desto glücklicher werden wir. Auf diese Weise hilft uns die Kontemplation über das Nichtbegehren, frei zu werden. Wir schauen tief, um die wahre Natur des Objekts unseres Begehrens zu erkennen.

16 Das Erlöschen aller Vorstellungen

Einatmend betrachte ich das
Erlöschen aller Vorstellungen.
Ausatmend betrachte ich das
Erlöschen aller Vorstellungen.

Nirvana ist unsere wahre Natur von Keine-Geburt und Kein-Tod, von Nichtsein und Nicht-Nichtsein. Nirvana ist Einsicht, die Freiheit von allen Arten von Vorstellungen, Konzepten, Ideen und falschen Wahrnehmungen. Es ist möglich, unsere Nirvana-Natur noch in diesem Leben zu berühren. Nirvana ist im Hier und Jetzt verfügbar. Viele Christinnen und Christen verwenden die schöne Formulierung »Ruhen in Gott«. In Gott ruhen ist vergleichbar der Welle, die in ihrer essenziellen Natur ruht: dem Wasser. Stellen Sie sich eine Welle vor, die sich auf der Oberfläche des Ozeans hebt und senkt. Beobachten wir die Welle, können wir sehen, dass sie einen Anfang und ein Ende hat; sie steigt auf und sinkt ab. Aber wenn die Welle sich selbst genau betrachtet, sieht sie, dass sie Wasser ist. Sie ist eine Welle, aber sie ist auch Wasser, und Wasser kann nicht in Begriffen von Sein und Nichtsein, Kommen und Gehen, Auf und Ab beschrieben werden. Die Welle ist im Hier und Jetzt Wasser.

So wie die Welle nicht nach Wasser Ausschau halten muss, brauchen wir Nirvana nicht zu suchen. Nirvana ist bereits da. Wir können Nirvana sofort genießen. Mit Achtsamkeit und Konzentration sind wir imstande, unsere wahre Natur zu berühren. Wir wissen, dass eine Wolke niemals sterben kann; sie kann nur zu Schnee, Regen oder Eis werden. Eine Wolke kann niemals zu nichts werden. Die wahre Natur von Keine-Geburt und Kein-Tod ist in allem gegenwärtig, auch in uns. Eine Wolke zu sein, die am Himmel schwebt, ist eine wunderbare Sache; und Regen zu werden, der auf die Erde fällt und alles nährt, ist ebenfalls wunderbar – ebenso wie ein Fluss zu werden oder eine Tasse Tee, aus der jemand trinken kann. Wieder zu Wasserdampf und einer Wolke zu werden ist auch etwas Wundervolles.

Diese Erkenntnis entspricht dem, was wissenschaftlich im ersten Hauptsatz der Thermodynamik ausgedrückt ist: Nichts wird geboren, nichts stirbt; alles ist in Transformation begriffen.

Sie sollten diese sechzehn Übungen auf intelligente Weise studieren und praktizieren. Die ersten vier Übungen unterstützen unsere Konzentration sehr, und es ist hilfreich, sie jedes Mal zu Beginn unseres Übens durchzuführen. Aber es ist nicht immer notwendig, die sechzehn Übungen der Reihe nach zu praktizieren oder alle sechzehn in einer Sitzung. Sie können sich zum Beispiel der vierzehnten Übung mehrere Tage oder länger widmen. Diese Übungen sind sehr einfach zu verstehen, und ihre Wirkung ist unermesslich.

DIE DREI TORE DER BEFREIUNG

Der Praxis der sechzehn Übungen können wir die Konzentration auf die Drei Tore der Befreiung hinzufügen: Leerheit, Zeichenlosigkeit und Absichtslosigkeit. Die Lehre von den Drei Toren der Befreiung ist in allen Schulen des Buddhismus verbreitet. Wenn wir diese Tore betreten, verweilen wir in Konzentration, sind mit der Wirklichkeit in Berührung, und wir sind frei von Angst, Verwirrung und Traurigkeit.

Leerheit

Einatmend betrachte ich Leerheit.
Ausatmend betrachte ich Leerheit.

Leerheit bedeutet nicht Nichtexistenz. Es bedeutet Unbeständigkeit, Nichtselbst, bedingtes Entstehen – das heißt, dass die Dinge in Abhängigkeit voneinander entstehen und einander enthalten. Die Blume hängt vom Regen, der Erde und vielen anderen Elementen ab; sie ist voll von allem im Kosmos – dem Sonnenschein, den Wolken, der Luft und dem Raum. Die Blume ist nur von einer Sache leer: einer eigenständigen Existenz. Das ist die Bedeutung von Leerheit. Sie ist ein Schlüssel, um die Tür zur Wirklichkeit aufzuschließen.

Wir bewahren uns das Gewahrsein, dass alles miteinander verbunden ist. Unser Glück und unser Leiden sind das Glück und das Leiden der anderen. Wenn unsere Handlungen auf dem Nichtselbst gründen, werden sie mit der Wirklichkeit übereinstimmen. Wir werden wissen, was zu tun ist und was zu unterlassen ist, um eine Situation zu verbessern. Wahre Leerheit geht über die Vorstellungen von Existenz und Nichtexistenz, von Sein und Nichtsein hinaus. Zu sagen, die Blume existiert, ist nicht ganz richtig, aber zu sagen, sie existiert nicht, ist auch nicht richtig. Alles befindet sich in einem Prozess ständiger Veränderung und ist leer von einem eigenständigen, abgetrennten Selbst. Wenn wir die Leerheit tief durchdringen, sehen wir die Natur des Interseins in allem, was ist.

Zeichenlosigkeit

Einatmend betrachte ich Zeichenlosigkeit.
Ausatmend betrachte ich Zeichenlosigkeit.

»Zeichen« bedeutet eine Form, eine Erscheinung, ein Objekt unserer Wahrnehmung. Alles manifestiert sich durch Zeichen oder Merkmale, aber wir neigen dazu, uns in diesen Zeichen zu verfangen. Wenn Sie eine Blume nur als Blume sehen und nicht den Sonnenschein, die Wolken, die Erde, die Zeit und den Raum in ihr, haben Sie sich im Zeichen der Blume verfangen. Berühren Sie aber die Natur des Interseins der Blume, sehen Sie sie wirklich. Wenn Sie bei einer Person nur ihre Erscheinung sehen und nicht auch die Gesellschaft, in der sie lebt, ihre Erziehung, ihre Vorfahren, ihre Kultur und ihr Umfeld, haben Sie diese Person nicht wirklich gesehen. Stattdessen sind Sie auf das Zeichen dieser Person hereingefallen, auf die äußere Erscheinung eines getrennten Selbst. Vermögen Sie diese Person auf eine tiefe Weise zu sehen, berühren Sie den ganzen Kosmos und werden sich nicht von Äußerlichkeiten täuschen lassen.

Solange wir nicht die zeichenlose Natur der

Dinge berühren, können wir die Wirklichkeit nicht berühren. Die größte Befreiung liegt darin, die Schranken der Zeichen zu durchbrechen und die Welt der Zeichenlosigkeit zu berühren: Nirvana. Wo können wir die Welt ohne Zeichen finden? Genau hier in der Welt der Zeichen. Wenn wir über die Zeichen hinausgehen, betreten wir die Welt der Nicht-Dualität, der Nicht-Angst und des Nicht-Beschuldigens. Wir können die Blume, das Wasser und unser Kind jenseits von Raum und Zeit sehen. Wir wissen, dass unsere Vorfahren in uns gegenwärtig sind, genau hier und jetzt. Wir sehen, dass Buddha, Jesus, Gandhi, Martin Luther King Jr. und all unsere spirituellen Vorfahren nicht gestorben sind.

Absichtslosigkeit

Einatmend betrachte ich Absichtslosigkeit.
Ausatmend betrachte ich Absichtslosigkeit.

Es gibt nichts zu tun, nirgendwo hinzugehen, nichts zu verwirklichen, nichts zu erreichen. Muss die Rose etwas tun? Nein, der Zweck oder die Bestimmung einer Rose ist es, eine Rose zu sein. Ihr Zweck oder Ihre Bestimmung ist es, Sie selbst zu sein. In Ihnen ist der ganze Kosmos enthalten. Sie müssen nicht hinter etwas herlaufen oder jemand anderes werden. Sie sind wunderbar, so wie Sie sind. Die Absichtslosigkeit ermöglicht uns, uns selbst, den blauen Himmel und alles, was im gegenwärtigen Moment erfrischend und heilend ist, zu genießen.

Wir müssen nach nichts streben und Dingen hinterherlaufen. Wir haben bereits alles, wonach wir suchen. Das Leben ist kostbar, so wie es ist. Alle Elemente für unser Glück sind schon da. Es gibt keinen Grund zu rennen, zu streben, zu suchen oder zu kämpfen; seien Sie einfach da. Einfach da sein, in diesem Augenblick und an diesem Ort, ist die tiefste Meditationspraxis. Die meisten Menschen können nicht glauben, dass es ausreicht, einfach nur zu gehen, so als müsse man nirgendwohin. Sie halten Streben und Konkurrenzkampf für normal und notwendig. Versuchen Sie einmal nur fünf Minuten lang, Absichtslosigkeit zu praktizieren, und Sie werden sehen, wie glücklich Sie während dieser fünf Minuten sind.

Der Moment des Holzhackens und Wassertragens *ist* der Moment des Glücks. Wir müssen nicht warten, bis diese Arbeiten erledigt sind, um glücklich zu sein. In diesem Moment glücklich zu sein ist der Geist der Absichtslosigkeit. Andernfalls werden wir uns für den Rest unseres Lebens im Kreis drehen. Wir haben alles, was wir brauchen, um die Gegenwart zu gestalten. Wir haben alles, was wir brauchen, um den gegenwärtigen Moment zum glücklichsten Moment unseres Lebens zu machen, selbst wenn wir Kopfschmerzen oder eine Erkältung haben. Erkältet zu sein ist ein Teil des Lebens.

Wir meditieren nicht, um Erleuchtung zu erlangen, denn die Erleuchtung ist bereits in uns gegenwärtig. Wir müssen nirgendwo danach suchen. Wir brauchen keinen Zweck, keine Bestimmung oder ein Ziel. Wir praktizieren nicht, um eine hohe Position zu erreichen. Wenn wir sehen, dass es uns an nichts fehlt, dass wir bereits das sind, was wir werden wollen, dann kommt unser Streben einfach zum Stillstand. Wir sind im Frieden im gegenwärtigen Augenblick, wenn wir nur das Sonnenlicht durch unser Fenster strömen sehen oder das Geräusch des Regens hören. Wir müssen nirgendwohin rennen. Wir können jeden Augenblick genießen. Die Menschen reden davon, ins Nirvana zu gelangen, aber wir sind bereits dort.

Absichtslosigkeit und Nirvana sind eins. Alles, was wir tun müssen, ist, wir selbst zu sein, vollständig und authentisch. Wir kehren einfach zu uns selbst zurück und berühren den Frieden und die Freude, die bereits in uns und um uns herum vorhanden sind.

BÜCHER ZUM WEITERLESEN

Thich Nhat Hanh: Achtsam sprechen, achtsam zuhören: Die Kunst der bewussten Kommunikation, München 2014.

Thich Nhat Hanh: Achtsamkeit Survival-Kit: Fünf grundlegende Übungen, München 2015.

Thich Nhat Hanh: Das Wunder im Jetzt, München 2017.

Thich Nhat Hanh: Die Sonne – mein Herz, München 2020.

Thich Nhat Hanh: Gut sein und was der Einzelne für die Welt tun kann, München 2014.

Thich Nhat Hanh: Mein Leben ist meine Lehre, München 2017.

Thich Nhat Hanh: Nenne mich bei meinen wahren Namen, München 2010.

Thich Nhat Hanh: Umarme deine Wut, München 2020.

Thich Nhat Hanh: Versöhnung mit dem inneren Kind: Von der heilenden Kraft der Achtsamkeit, München 2011.

Thich Nhat Hanh: Wie Siddhartha zum Buddha wurde. Eine Einführung in den Buddhismus, München 2020.

PRAXISZENTREN

Die Kunst des achtsamen Lebens in der Tradition von Thich Nhat Hanh wird weltweit in Praxiszentren gelehrt. Informationen dazu finden Sie unter:

Plum Village
13 Martineau
F-33580 Dieulivol
www.plumvillage.org

Workshops und Retreats in deutscher Sprache finden Sie unter:

EIAB
Europäisches Institut für Angewandten Buddhismus
Schaumburgweg 3
51545 Waldbröl
www.eiab.eu

Intersein
Zentrum für Achtsamkeit und Meditation
Unterkashof 50
94545 Hohenau
www.intersein-zentrum.de

Infos unter: www.intersein.de

EINFACH
SITZEN
THICH NHAT HANH
O.W. BARTH

EINFACH
ESSEN
THICH NHAT HANH
O.W. BARTH

EINFACH
LIEBEN
THICH NHAT HANH
O.W. BARTH

EINFACH
GEHEN
THICH NHAT HANH

EINFACH
ENTSPANNEN
THICH NHAT HANH
O.W. BARTH

EINFACH
VERSÖHNEN
THICH NHAT HANH
O.W. BARTH

EINFACH
ZUFRIEDEN
THICH NHAT HANH
O.W. BARTH

EINFACH
MITEINANDER
THICH NHAT HANH
O.W. BARTH

O.W. BARTH